POST-TRUTH

後真相

真相已無關緊要
我們要如何分辨真假

Lee McIntyre

麥金泰爾——著 王惟芬——譯

How we arrived in a post-truth era,
when "alternative facts" replace actual facts, and feelings have more weight than evidence.

獻給安迪和裘恩，我熱愛智慧的友人。

系列叢書前言

麻省理工學院出版社的「基本知識叢書」是針對當前熱門議題推出的一系列口袋書，簡潔易懂、裝訂精美。這系列叢書邀請各界傑出思想家撰稿，提供文化、歷史、科學，和技術等各個主題的專家概述。

在現今充滿即時訊息的時代，各種意見、託辭和浮誇陳述隨時映入眼簾，真正能解釋這世界運作原則的基礎知識反而難求。「基本知識叢書」填補這一需求。為非專業人士提供綜合整理的專業主題，由淺入深地探討當前的重大議題，每本小書都為讀者準備好基礎知識，以便深入更為複雜的想法。

——布魯斯・泰都爾（Bruce Tidor）

麻省理工學院生物工程與計算機科學教授

前言

二〇一七年春天，在動筆寫書之際，沒有一個話題比後真相更熱門。我們在頭條新聞和電視上會看到；在餐廳和電梯會聽聞。要寫一本關於這主題的書，剖析一個還在發展且備受爭議的新概念，時下的情況對我來說既是優勢，也是項挑戰。

本書的調性可能與「基本知識叢書」中的其他書不同，因為這個主題非常特殊。後真相這個概念誕生在一片後悔心情中，是那些擔心真相會黯然失色的人所提出的。本書的立意，就算稱不上大張旗鼓地倡導什麼概念，至少也意欲形成一觀點：在今日的政治舞台上，事實和真相已受到威脅。

就是因為這樣的脈絡，本書的章節可能不太符合一般人對學術書的期待，不會維持冷靜中立的立場。實際上，若是這樣做，將會陷入一種假平衡（false equivalence），而這正恰好是後真相的一大標誌。在後真相的辯論中：「反方」不是由捍衛者，或者認為後真相是件好事的人所組成，而是那些否認問題存在的人。然而寫一本關於後真相的書，按理說自當是承認這問題的存在

（我的目標是在於揭露問題）。因此，在我的分析中，我頂多做到誠實，但無法保證能夠平衡各界觀點。當另一方的錯誤不成比例地嚴重時，假裝一切都處於平等的狀態，等於是不尊重真相這個概念本身。

有些人可能會說「後真相」這個概念想法並沒有那麼新，也許只是宣傳伎倆（propaganda）的同義詞，而「另類事實」（alternative facts，或稱：替代事實）不過就是誤謬或假話（falsehood）的另一種說法。但事情並非那麼簡單。儘管我們目前的處境與一些歷史先例雷同——這些過往的例子在後面的章節也會加以檢視——但試圖將後真相簡化成其他別的東西是一大錯誤。在今日，感覺重於事實這個現象影響我們對實徵事物的信念與看法，這似乎是一前所未有的新狀況，至少在美國政治中是如此。過去，我們曾面臨嚴峻的挑戰，甚至連真相這概念本身都遭受過質疑，但從未像現在這樣，讓真相公然淪為政治操作的一種附屬策略。因此，後真相這個概念真正引人注目的地方不只是要突顯真相目前正受到攻擊，**而是去質疑真相成了一種主張或取得政治優勢的機制**。所以說，若是要理解後真相這個概念的「基本知識」，就不能避開政治不談。

第一章
何謂後眞相？

在全世界都在欺騙的時代，說實話成了一種革命行為。

——喬治・歐威爾

二〇一六年十一月，《牛津辭典》選了「後真相」（post-truth）為二〇一六年度的代表字彙，完全符合後真相現象引發的高度關注。這字眼的使用量在二〇一五整個年度飆高了二〇〇〇%，這樣的選擇似乎顯而易見。在那份短短的年度詞彙名單上，其他候選詞彙有「另類右派」（alt-right）和「脫歐派」（Brexiteer），突顯出那年在選字上的政治脈絡。然而「後真相」似乎最是一語中的，光是以這樣一個詞真的就足以道破這一年的時局。二〇一六年的英國脫歐公投和美國總統大選，讓許多人看得是瞠目結舌，這過程中充滿混淆事實、口說無憑的推論，甚至是睜眼說瞎話的現象。若是連唐納・川普（Donald J. Trump）都可以在沒有證據的情況下聲稱，要是他輸了選舉，一定是因為有人在後面操作，那麼事實和真相還有任何意義嗎？[1]

大選結束後，情況變得更糟。川普再次在與事實不符的情況下聲稱，扣除掉數百萬張非法投票，他其實還贏得全民投票（但實際上在票數加總後，希拉蕊・柯林頓（Hillary Clinton）比他高出近三百萬票）。他甚至不顧十七個美國情報機構的共識，繼續誇誇其談地宣稱俄羅斯並沒有干預美國大選。[2]他的手下似乎樂於接受這樣的混亂，大言不慚地表示：「不幸的是，事實早已不存在。」[3]

在二〇一七年一月二十日宣誓就任總統後，川普繼續說出一連串的謊言，說他贏得的票數是自雷根以來總統選舉中最高的（他沒有）；他就職典禮上的觀禮人數是史上最高的（照片戳破他的話，而且華盛頓特區的地鐵紀錄顯示當天的地鐵乘客量下降）；他說他在中央情報局的演講引起全場起立鼓掌（實際上是他從頭到尾都沒有讓這些人坐下）。到了二月初，川普聲稱美國的謀殺率達到四十七年來的高點（事實上，根據聯邦調查局的「統一犯罪報告」，其實是處於近乎歷史新低）。[4]最後這一點似乎特別嚴重，因為這讓人想起之前川普在共和黨全國代表大會曾說的小謊，那時他正想方設法地要讓大家認為美國的犯罪率正在上升。在遭到質疑時，當時川普的代言人紐特・金里契（Newt Gingrich）曾與美國有線電視新聞網（CNN）的新聞主播艾莉森・卡莫蘿塔（Alisyn Camerota）在攝影機前展開下面這段相當不可思議的對話：

卡莫蘿塔：暴力犯罪率在下降。經濟則在好轉。

金里契：在大城市並沒有下降。

卡莫蘿塔：暴力犯罪，謀殺率是在下降。是減少的。

金里契：那怎麼在芝加哥、巴爾的摩和華盛頓都是上升？

卡莫蘿塔：有些小區域，謀殺問題還沒完全處理好。

金里契：你說的可是國家首都，全美第三大城市……

卡莫蘿塔：但整個國家的暴力犯罪是在減少。

金里契：我敢跟你打賭，今天早上隨便一個普通的美國人都不認為犯罪率下降了，也不會認為這個國家變得更安全。

卡莫蘿塔：但這是事實。我們變得更安全，而且犯罪率下降。

金里契：不，那只是你的觀點而已。

卡莫蘿塔：這是事實。這些是FBI的國家資料。

金里契：但我所說的也是事實。目前的看法是，自由派有一整套統計數據，這些在理論上可能是正確的，但這不是芸芸眾生所想的。

卡莫蘿塔：請等一下，議長先生，你這樣說的意思是，自由派使用這些數字是在玩弄數學。但這些是FBI的統計數據。他們不是一個自由派組織。他們是打擊犯罪的組織。

金里契：我不是這個意思，但我說的也是對的。大家都覺得更危險了。

卡莫蘿塔：感覺是這樣。他們感覺到了，但這與事實不符。

金里契：身為一名政治候選人，我選擇聽從人們的感受，你可以去聽你的理論家的。[5]

這樣令人心寒無力的一段對話，比較像是喬治·歐威爾那本反烏托邦小說《一九八四》的情節，也許就發生在書中愛情部的地下室。然而在現實生活中，已經有人開始擔心我們正朝這個方向走去，這個場景即將要真實上演，在那裡真相是威權國家建立時的第一個受害者。

《牛津辭典》將「後真相」（post-truth）定義為：「訴諸情感與個人信仰，比陳述客觀事實更能影響民意的種種情況。」在這當中，他們強調的是：「post」這個前綴詞並沒有多少「過去」的含意，如「戰後」（postwar）一詞中所含有的時間意義，而是真相已經黯然失色，變得無關緊要。許多哲學家對此都還爭論不休，但值得注意的是，這不僅是一場學術爭論而已。二〇〇五年，喜劇演員史蒂芬·科爾伯特（Stephen Colbert）創造「感實性」（truthiness）一詞，當時主要是為了嘲諷小布希總統老是靠他的「直覺」來做出重大決策，諸如提名哈瑞特·邁爾斯

（Harriet Miers）擔任美國最高法院大法官，或是在沒有充分證據顯示伊拉克境內有大規模殺傷性武器前，就出兵開戰；感實性一詞係指會因為某事感覺起來是真的而信服，即使不見得有事實支持。當時造出「感實性」這個字眼時，大家都把它當作是個大笑話，但現在已經沒有什麼人笑得出來了。[6]

在英國，針對脫歐與否的宣傳活動也充滿無的放矢，毫無事實的流言，當地有數百輛公車載著假造的統計數據廣告滿街跑，說英國每星期就將三·五億歐元送進歐盟[7]，而在匈牙利、俄羅斯和土耳其，也有越來越多的政客以造謠生事的手段來對待自己的人民，許多人都將後真相看作是這種國際趨勢的一部分，政治人物膽敢扭曲事實以符合自己意見，在這股日益增長的趨勢中，是現實要符合意見，而不是意見依循現實。在這類政治宣傳手法中，事實不見得無關緊要，而是操作者相信，在政治脈絡中總是有辦法掩蓋、選擇和呈現事實，以利對某種真相的解釋。或許，這就是川普的競選經理凱莉安·康威（Kellyanne Conway）的意思，那時她提到新聞發言人西恩·史派塞（Sean Spicer）是打算提供就職典禮參與人數的「另類事實」，[8]當時川普似乎對於美國公園處提供的那些數千張空座位的照片感到惱火不已。

那麼，後真相只是扯謊而已嗎？僅僅是一種政治化妝術嗎？不盡然如此。正如在目前各界的辯論中所見到的：「後真相」一詞具有不可化簡的規範性。這是由那些在乎真相這概念本身的人所提出的，他們認為這個概念正受到攻擊。那麼，對那些自認只是試圖講出爭議性話題中的「另一面向」的人來說，他們是怎麼想的？那些覺得替代事實確實存在的人呢？單一客觀真理／真相（single objective truth）的概念向來充滿爭議。承認這一點就一定是偏右的保守派嗎？還是左傾的自由派？也許這是有點左右融合，因為在很大程度上，後真相是現在的右翼政治人物發展出來的，但他們確實取材於幾十年前左翼相對主義者，和後現代主義者對真理／真相這個概念的批判論述。

在哲學中，真理／真相的概念可以追溯到柏拉圖的時代，他（透過蘇格拉底的話）提出警語，提醒世人誤認自己有知識是危險的。蘇格拉底認為，無知是可以補救的；如果一個人無知，可以教導他。更大的威脅來自那些自認已經得知真理的傲慢者，因為這樣的人可能輕率行事，真假不分。談到這裡，有必要給真理／真相一個最起碼的定義。亞里斯多德的定義也許是這當中最著名的，他說：「是非顛倒，即是假；是稱是，非說非，即是真。」[9]想當然耳，幾個世紀以來哲學家對這種「符應論」（correspondence）觀點的正確性爭論不休，這種觀點強調，我們僅需要以陳述與現實的契合程度來判斷其真實性即可。其他關於真理的知名概念（如貫通論、實用論和語義論）則反映出哲學家對於何謂適當的真理論仍充滿分歧的意見，不過在價值層面上來看，真理／真相是重要的，關於這點，眾人似乎都沒有什麼異議。[10]

然而，目前的問題不在於我們是否有一適當的理論來界定真理，而是要理解破壞（subvert）真理／真相的不同等級。在第一種，先得承認每個人都有犯錯的時候，會在無意間說出錯誤的事情。在這種情況下，說出來的東西是「謬誤的」（falsehood），但不是謊言。下一種則是「刻意忽略」（willful ignorance），這是指我們在不確知某些事是否屬實前就說出口，也不想花時間去弄清楚這些資訊的正確性。這時，我們可能有理由責怪發言者的懶惰，因為如果這事很容易查核，那麼做出不實陳述的人至少要對自己的輕忽大意擔負一些責任。最後一層才進入說謊，這是在我們有意欺騙時說出的虛假言辭。這裡有一個重要的分野，因為這時我們跨越了界線，是在明知自己所言不實的情況下說的，懷有欺騙他人的意圖。照定義來說，每個謊言都要有一個觀眾。如果沒有人在聽（或是如果我們確信沒有人會相信），我們可能不覺得要對自己的虛假言論負責，但當我們的意圖是操縱某人去相信我們知道的不實情事時，就已經離開對事實的單純「詮釋」，進入到偽造或捏造的狀態。然而，這就是所謂的後真相嗎？

上述各等級之間的界限也許不夠明確，在判斷時很容易就落入到相鄰的階段。當川普第一次說，在他就職前他的國家安全顧問並沒有和俄羅斯官員交流過，這也許可算是刻意忽略。但是當他自己的情資單位透露，他們已經就此向他做過簡報，而川普還繼續否認兩個多禮拜，就得開始思考他的意圖了。川普不斷重覆他的說辭，表示如果沒有加上數百萬非法選票，他實際上是贏得全民投票，於是《紐約時報》在他就職第三天做了一個大膽的決定，以頭條新聞指出川普撒謊。[11]

人與真理／真相之間還存在其他有趣的關係。哲學家哈利・法蘭克福（Harry Frankfurt）在他那本謔而不虐且相當嚴謹的《論廢話》（*On Bullshit*）一書中就說得很清楚，一個人大言不慚地講廢話時不一定是說謊，可能只是展現出對於真實的輕忽與無謂。這就是川普的作為嗎？對待真相還有更為偏頗的態度，當金里契聲稱民眾對謀殺率的看法比聯邦調查局的統計數據更重要時，會有人覺得他只是語帶嘲諷；但正是他這種說法助長了後真相現象的形成。這些將真相「包裝」成最能帶來有利優勢的政治騙子（以及其他大多數人）對此都心知肚明，他們清楚知道這正是他們的工作，而不僅是胡說八道，因為這背後還帶有影響他人的明顯意圖。然而，後真相還存在更險惡的形式，這牽涉到自我欺騙和妄想，讓人真的抱持一錯誤的想法，即所有可信來源的資訊都還具有爭議。在最純粹的後真相形式中，有人認為群眾的反應實際上**得以**改變說謊的事實。專家可能會爭論川普目前落在哪個等級，討論他到底是個騙子，還是對真實無動於衷，或是熱愛嘲諷，甚或是進入妄想的階段。不過，不管他落在哪一等級，他的言論似乎都對真理／真相充滿敵意，因此才進入後真相的範疇。

身為哲學家，我對這些後真相的形式都感到遺憾。即便去解析當中的差異自有其重要性，而且認識在後真相這個大觀念下發展出的各種理路也有其必要，但對於真正關心真理／真相這個概念的人來說，這些恐怕都難以接受。不過，這當中最棘手的部分不是要解釋無知、撒謊、嘲諷、冷漠、政治包裝，甚至是妄想；我們與這些已經相處了幾世紀。後真相時代的新特色不僅是在挑戰「認識現實」（knowing reality）這個概念，而是在質疑現實本身的存在。當遭人誤導或誤解現實時，可能會付出慘痛的代價。比方說，光是對一種新的心血管藥抱持希望是不足以治好心臟病的。但是，當我們的領導人，甚或還要加上社會上大多數的人，都在否定基本事實時，後果可能不堪設想。

南非總統塔博．姆貝基（Thabo Mbeki）聲稱，抗逆轉錄病毒藥物是西方陰謀的一部分，而大蒜和檸檬汁才是治療愛滋病的良方，結果造成三十多萬人死亡。[12]美國總統川普堅稱，氣候變遷是中國發明的一種騙局，旨在摧毀美國經濟，[13]這所造成的長期後果可能同樣嚴重，甚至更大。然而，我認為這裡真正的問題不僅在於特定（離譜）信念的內容，而是貫穿這些信念的想法，也就是抱持一些事實比其他事實更重要的態度，以個人私心來決定是非黑白。此處的問題不單單在於那些否認氣候變遷的人不相信事實，而是他們只想接受那些支持其意識形態的事實。就跟所有的陰謀論者一樣，他們都具有雙重標準，一方面相信全世界的氣候科學家都在炒作氣候變遷的證據，全都集體加入一項全球性的大陰謀（但也沒有見到這方面的證據），但另一方面卻挑出自己所偏好的科學統計數據，據此聲稱過去二十年來全球氣溫並沒有上升。[14]否認者和其他的追隨者經常採取的態度是，以最高標準來審視他們不願意相信的事實，但是對於符合他們期待的說法則完全輕信。換言之，他們採用的主要標準就是：這是否合於他們原有的信念。[15]這不是在拋棄事實，而是在動搖事實的形成過程，腐蝕這些用以形塑我們對現實的信念，而它們全都是經由可信且可靠的科學方法收集、積累而成。誠然，否定這一點等於是拒絕一個觀念：**一件事情的真假與我們對它的感覺無關**，而嘗試找出真相才是符合我們（以及我們的政策制定者）的最佳利益。

過去我將擁抱那些引導我們走向真實信念的探究方法，好比說科學，描述為「尊重真理／真相」（respecting truth）。[16]若是有人抱持真理／真相並不重要，或是根本不存在所謂的真相，那我實在不知道還能跟他們說什麼。但反過來看，也可以問：這樣無視真相的態度就是一種後真相現象嗎？回想一下《牛津辭典》的定義，以及在最近的公開辯論中後真相起的作用，就會發現，後真相並不是主張真相並不存在，而是比較貼近另一種狀態，即事實沒有我們的政治觀點來得重要。《牛津辭典》對後真相的定義著重在其意涵，是在交代後真相是「什麼」，因此將這個概念定義為：感覺有時比事實更重要。同樣重要的是下一個問題，即「為什麼」會出現這個現象。沒有人會平白無故去爭辯明顯或容易確認的事實，有人會這樣做是因為這會產生好處或利益。當自己的信念受到其「不願面對的事實」（inconvenient fact）所威脅時，有時我們會寧願去質疑這個事實。這可能發生在意識或無意識的層面上（因為有時候我們想要說服的人其實就是我們自己），不過這裡的重點在於這種態度和事實之間的後真相關係，也就是只有在我們設法主張某件事比真相本身更重要時才會發生。就此看來，**後真相等同是一種意識形態霸權，以此手法來迫使別人相信某樣事情，無論是否存在良好的佐證**。這是政治支配的一個祕訣。

不過，這種觀點是可以受到挑戰的，也應當去挑戰。難道我們真的希望生活在這樣一個世界，當中的政策都是基於感受所制定，而不考量在現實中的運作方式？人類這種動物可能天生就是會去相信我們的迷信與恐懼，但這並不意味著我們不能訓練自己去接受更好的證據標準。或許真的存在適當的理論來質疑我們認識客觀真相的能力，但這並不意味著認識論學者和批判這些的理論學家在生病時不會去看醫生。同樣地，政府也不應該因為他們「感覺」犯罪率正在上升，就去建造更多的監獄。

那麼該怎麼做呢？打擊後真相的第一步是了解其源起。在一些評論家眼中，後真相這樣的概念似乎是在二〇一六年突然浮上檯面，但事實並非如此。「後真相」一詞近來可能因為英國脫歐和美國總統大選而變得很熱門，但這種現象的根源可以追溯到幾千年前，回到人類演化過程中出現的「認知非理性」（cognitive irrationalities）問題，不論是自由派還是保守派人士都有這毛病。另外，正如前面所提到的，這當中有部分是源自於學界爭議，主要是不可能獲得客觀真理／真相這一點來攻擊科學的權威性。所有這一切都因為最近媒體的改變而惡化。不過，現在嘗試去了解後真相現象的形成有個好處，等於是握有一張現成的路線圖，來指引我們行進。

過去二十年來，否定氣候變遷、疫苗功效，和生物演化等科學研究結果的聲浪一波接一波，在這當中可以看到現在用於推動後真相的策略是如何誕生。右派早就利用人類天生的認知偏差（cognitive bias）、學術界對於真理／真相問題的吹毛求疵，以及媒體平衡報導的心態來攻擊科學研究。只是這個戰場現在擴及所有現實中的事實。之前的爭論是針對他們所厭惡的科學理論，現在則延伸到美國公園管理處的照片，或是一段CNN的影像。

儘管這看起來陌生而且令人費解，但後真相的現象並不是難以釐清或不可拆解。當然它也沒有簡單到光是用川普一人就足以理解當中的來龍去脈。在一個政治人物可以質疑事實並且不用付出政治代價的世界裡，後真相比任何一個人都要大。它存在於我們以及我們的領導者中。其背後力量是經過相當長時間建立起來的。我認為只要詳加分析其成因，就會發現我們現在正處於理解後真相的最好時機。儘管英國脫歐公投和美國總統大選似乎與後真相難分難解地糾纏在一起，但這兩者都不是造成它的原因，而是它釀成的結果。

第二章
否認科學：一張理解後眞相的地圖

當事實改變時，我會改變我的想法，先生，那你會怎麼做？

——約翰．梅納德．凱因斯（John Maynard Keynes）

過去幾十年來，科學的遭遇預示著後真相時代的到來。科學曾經因其方法而深具權威性，如今科學結果廣受大批非專家所質疑，僅是因為他們不同意科學研究的結論。這裡要特別指出，科學家經常會仔細驗證與駁斥彼此的結果，但不是我們現在所討論的這一類型。

科學家提出一個理論，本來就預期會經過同行的審查、複製嘗試，和對經驗事實的最高規格的檢驗。這些規則相當透明，因為這正是科學價值所在，用實徵證據（empirical evidence）來評估科學理論，這一點至關重要。但即使有這樣嚴謹的保障措施，也可能會出錯。這個過程或許有點殘酷，但科學界就是在竭盡所能地確保只有好的科學研究才能過關，公諸於世。因此，在學界，若是沒有公開任何可能的偏差來源，不論是利益衝突還是經費來源，都會視為嚴重瑕疵。就這樣高標準的自我審視來看，為何會有一批科學界之外的人士覺得質疑科學結果的必要？他們真的認為科學家的行事太過鬆散嗎？在大多數情況下，他們並不是這樣想；然而，一旦他們發現自己的信仰觀點與科學結論相衝突或抵觸時，便會大力傳播質疑科學的必要性。[1]在某些例子，外行人認為去質疑科學家的動機和能力是符合他們自身利益。這就是「否認科學主義」（science denialism）誕生的地方。

有種說法最常為那些不喜歡某些科學結果的人提出，即發現此一特定結果的科學家自有其偏頗的立場。留意到個人懷有非實徵性信念，或許來自宗教，或許來自政治，可能對實徵調查產生有害效應，在某種程度上，或許可看作是尊重高科學標準的一項標誌。不幸的是，通常都不是這麼回事。事實上，比較常見的手法是那些反對特定科學發現的人，會以「開放」和「公平」為由，很自在地將他們自己的意識形態帶進科學調查的領域，進行檢視驗證（儘管他們可能會對此全盤否認）。說來有點諷刺，本章的目標主要是在駁斥科學是公平的觀點，並對於任何實徵調查都可以維持價值中立提出質疑。一旦確定這一點，再去考慮「其他」理論似乎就顯得容易許多。畢竟，若是抱持**所有的**科學本來就是有所偏差的心態，那麼去思考一個可能為自己信念中的意識形態所汙染的理論，似乎就沒那麼討厭了。

至於其他的批評，稍微高竿一點，會說這些選來執行研究計畫的科學家，並沒有依循良好的科學標準，說他們心胸狹窄，僅看得見自身利益。這些說法中有部分是基於對科學運作的誤解（或嘲諷的曲解），誤以為科學家只要收集足夠的證據，就可以證明一個理論。但這並不是科學運作的方式：無論證據有多好，都無法證明一科學理論。無論經過多嚴格地測試，每個理論就「只是一個理論」而已。[2] 由於科學證據的收集方式，理論上有可能會因為將來的其他發現而推翻一理論。這並不意味科學理論是不合理的，或不值得信賴。但這確實意味著，在某個時刻，科學家得承認，即使提出最強大的解釋也不能讓理論成為真理／真相，只是基於這些證據有理由去強烈支持這樣的信念。這種所謂的科學推理的弱點，經常為那些自稱是真正科學家的人所利用。他們會說，如果科學是一開放的過程，那就不應該排除其他理論。他們相信，在證明一理論絕對是正確的之前，其他與之相競爭的理論也都可能是對的。[3]

我認為，科學不應該因為其具有上述知識論的特性而感到尷尬，反而應該要大力擁抱這樣的狀態，將其視為追尋真理的一項優點。說一科學理論的根基穩固，不易推翻，正是在彰顯科學對證據的高度重視。誠然，若有人希望採用實徵解釋的最高標準來審視科學，那這人是不是也該承擔起舉證責任，為那些與科學理論競爭的偽科學理論提供證據呢？若是過不了「證明」這關，我們就來玩「證據」的遊戲：「那麼你的證據又在哪裡呢？」也有人會想要這樣問問那些否認科學者。在面對這類詰問時，否認者經常支吾其詞。然而，在那些對科學實際運作方式所知甚少，甚至毫無所知的人眼中，不能「證明」一理論，必定看起來就是科學的一大弱點，也是替代理論的大好機會，這正是我們在演化論這個例子中所看到的。（而且，就技術面來講，我們也不能「證明」地球是圓的啊！）[4]

近年來，最突出的例子就是氣候變遷。雖然在科學界幾乎沒有人質疑全球溫度在上升，而且人類活動是一大主因，但是大眾卻遭到蒙蔽，誤以為科學界對此議題存在很大的爭議。關於這事情的始末已經有過不少詳盡的評述，在這裡我僅做個概要的總結。[5]我主要是想突顯，否認科學這一現象基本上可用來了解後真相的現象。但要在探討否認氣候變遷的科學研究前，我們可能得再回溯到更早一點，回到一九五〇年代，那時正是否認科學的現象開始甚囂塵上的時候，因為菸草公司意識到，若是能讓世人質疑吸菸導致肺癌的可能性，他們便能從中獲得巨大利益。

「懷疑是我們的產品」

否認科學的人不是基於經濟考量，就是意識形態作祟。最常見的情況是，那些因為科學發現而有所損失的人會首先發難，然後再由那些誤信他們假資訊的人接棒下去。阿里・羅賓—哈福特（Ari Rabin-Havt）在他的《謊言股份有限公司》（*Lies, Incorporated*）中，深入探討企業贊助的遊說（撒謊）團體的策略，看他們是如何在氣候變遷、投票改革、墮胎，以及同性婚姻一系列議題影響政治立場，以此來認識經濟利益和後真相政治之間的關聯。[6]

目前在這方面已經有一些見解精闢的著作，回顧這段歷史，探討在這場吸菸與致癌的爭論中，否認科學是如何誕生的。在《懷疑的商人》（*Merchants of Doubt*）中，娜歐米・奧雷克斯（Naomi Oreskes）和艾瑞克・康威（Erik Conway）追溯整起事件的始末，探討菸草工業研究委員會（Tobacco Industry Research Committee, TIRC）延攬的那批科學家所制定出的策略，是如何成為否認科學主義發展的藍圖。[7]其實是這則故事的經濟層面，而不是後來衍生出的意識形態，一針見血地點出表面上的政治反對有其金錢利益的根源。這等於是提供一項佐證，解釋了何以有這麼多草根團體（是由石油利益團體所資助）質疑氣候變遷。同時還預示了稍後將提到的假新聞，是如何從追求利益的點擊率發展成假消息。

整起故事可以從一九五三年紐約市的廣場飯店（Plaza Hotel）開始說起。當時各大菸草公司的負責人聚集在這裡，想要找出解套辦法，來因應最近發表的一篇可能重創菸草業的科學報告；在這篇報告中，科學家發現菸草中的焦油和實驗室小鼠罹患癌症有所關聯。這場菸草界高峰會的領導人約翰・希爾（John Hill）在公關界是個傳奇人物，他建議與其彼此攻擊，爭論誰的香菸比較健康，倒不如提出一個團結大家的方法，贊助更多的「研究計畫」來「打擊科學」。在場的各家公司執行長對此表示贊同，決定資助由希爾最近成立的菸草業研究委員會，其任務是說服大眾相信「沒有證據」能證明吸菸會導致癌症，而且先前發表的那份聲稱有關聯的研究受到「眾多科學家」質疑。[8]

他們的策略奏效了。利用科學「無法顯示抽菸與癌症之間具有『決定性的關聯』（不管是哪兩個變數，都無法以科學方法做到這一點）[9]，菸草工業研究委員會買下許多美國報紙（可接觸到四千三百萬讀者）的整頁廣告，達到混淆視聽的效果，讓人懷疑這個科學問題還沒有解決。正如羅賓—哈福特所言：

> 業界之所以成立菸草工業研究委員會，是為了讓大眾對吸菸引起癌症的科學共識產生懷疑，並且讓媒體相信在這個菸草風險的故事中有兩方意見，而每一方都應受到同等重視。最後，它還試圖引導政策制定者，讓他們不至於制定出損害菸草公司利益的政策。[10]

接下來，這個故事持續發展了四十年，即使面對更為嚴謹的科學研究，一直到一九九八年，各大菸草公司才同意結束菸草工業研究委員會，並拿出兩千億美元的和解金，換取未來免於遭到訴訟的保護（而在此過程中，有成千上萬的內部文件披露出來，證明他們一直都知道真相。）然後，他們還是可以自由地將產品銷售到全球市場，因為法院認為此時的市場已經了解當中的致癌風險。他們為什麼決定和解？顯然，四十年間的獲利肯定遠遠超過一切活動所產生的費用，然而一旦證據難以否認，訴訟開始變得嚴正起來，這些公司當時必定計算過未來的利潤一定遠超過這兩千億美元的和解金。不出十年，根據聯邦「反勒索及受賄組織法」（Racketeer Influenced and Corrupt Organizations Act，即一般簡稱的RICO法案），這些菸草公司全都被判詐欺罪，因為他們早在一九五三年就知道吸菸和癌症的關聯，但卻試圖打壓這項資訊。[11]

然而，否認科學的態勢並沒有因此結束，實際上恐怕還會延續很久，因為現在有了一張藍圖可循，讓其他希望與科學家對抗的人仿效。在《懷疑的商人》中，奧雷克斯和康威詳細地解釋這一藍圖。事實上，在書中這兩位作者提出證據，顯示不僅有其他否認科學人士沿用這套「菸草戰略」，而且當中有些人根本就是來自之前這個菸草陣營。[12]一九六九年，一位菸草公司的執行長在那份後來惡名遠播的內部備忘錄中寫道：「懷疑是我們的產品，這是與廣大群眾心中的『事實』相互競爭的最佳手段，」之後需要採取的步驟變得相當明確。[13]首先是要尋找並資助自己的專家，然後向媒體顯示，這件事其實有正反兩方，再透過公關手法以及政府遊說活動來支持自己這一方，最後利用所產生的公眾混淆來質疑任何一項意欲爭辯的科學結果。

正如奧雷克斯和康威解釋的，這套策略之後在雷根的「戰略防禦計畫」、核子冬天、酸雨，以及臭氧層破洞和全球暖化等科學「爭議」中接連取得勝利。[14]這些活動的部分資金甚至是來自菸草業。到了二十一世紀初，氣候變遷成了共和黨和民主黨的黨派議題時，由企業資助的否認科學機制已經成了一台運作良好的機器：

> 付費請專家製造出假研究，然後將其轉換成說帖中的要點與模因（memes），再付費請打手在電視上重複這些說法，並透過社群媒體傳播，必要時還可付費購買廣告，將其打入民眾的心坎裡。[15]

若是能夠假造又何必尋找科學分歧？若是可以透過恐嚇媒體或是公共關係運作來傳播一個人的意見，幹嘛還要在乎同行審查？而當能夠用工業界資金來左右政府官員，為什麼還要等待他們做出「正確」的結論？誠然，所有這些聽來既諷刺又令人震驚，但離今天通往後真相的路只剩下一個停車標誌的距離。二〇一六年之後，當真相本身的概念受到質疑時，不管是意外洩露的備忘錄、關鍵證詞，還是自相矛盾的錄影都沒有擔心的必要了。當時他們怎麼知道可以達到這種效果？這是因為在接下來反對全球暖化的活動中，這些策略再次奏效。

氣候變遷與其他

在現代否認科學的例子中，全球暖化可能是最令人震驚的一個。之前提過，目前已經有許多長篇專著在探討這些否認科學的策略，他們創造出口徑一致的「懷疑論」，挑戰令人信服的科學證據，質疑人類活動是促成氣候變遷的一大因素。在《懷疑的商人》中，奧雷克斯和康威認為，從一九五〇年代的「菸草策略」到今天的全球暖化「爭議」，可以直接劃出一條直線。在後者的例子中，資金來自於化石燃料產業，而居心叵測的「智囊團」則是「哈特蘭研究所」（Heartland Institute）。令人沮喪的是，哈特蘭研究所的早期資金有部分竟是來自於菸草巨頭菲利普·莫里斯（Philip Morris）。[16]多年來，資助這間研究所的其他企業還包括全球最大的石油公司埃克森美孚（Exxon-Mobil），以及石化產業巨頭科赫兄弟（Koch brothers），想來也不足為奇：[17]

> 一九九八至二〇一〇年，哈特蘭研究所從埃克森美孚獲得七百三十多萬美元的資助，一九八六至二〇一〇年，從查爾斯·科赫和大衛·科赫的基金會獲得近一千四百四十萬美

元資金，這對兄弟的科氏工業集團（Koch Industries）擁有大量石油和能源產業。[18]

從二〇〇八年起，埃克森美孚聲稱已停止資助所有否認氣候變遷的組織。[19]調查人員卻發現，在埃克森美孚花錢來模糊氣候變遷事實的期間，他們同時也計畫等極地冰蓋融化後，前去北極地區尋找新的鑽探機會。[20]哈特蘭研究所現在發出警告，說他們將對那些暗指他們從化石燃料工業獲取研究資金的人提出告訴。由於他們不再公布其資金來源，外人也只能接受他們的說法。目前唯一沒有爭議的是，哈特蘭研究所顯然願意接受《經濟學人》（*The Economist*）對他們的描述（他們的網站還引用這段文字），形容他們是「全世界推動各種懷疑論點最傑出的智囊團，質疑人為因素是否造成氣候變遷。」[21]就一些外露出來的文件來看，還是可以了解他們的策略，《紐約時報》就曾這樣描述：「在公立學校破壞全球暖化的教學（並且）提出一套課綱，讓人質疑科學發現，誤以為石化燃料排放物長期下來不會危及地球這顆行星的健康。」[22]

當然，哈特蘭研究所並不是唯一一個對氣候變遷有異議的組織。業界早期也支持其他組織，如愛迪生電力集團（Edison Electric Group）、煤炭工業協會（National Coal Association）與西方燃料協會（Western Fuels Association），另外還有產業界資助的公共關係組織，如氣候理事會（Climate Council）和環境資訊委員會（Information Council on the Environment），這組織之於全球暖化就類似於菸草工業研究委員會之於菸草的關係。[23]喬治・馬歇爾研究所（George C. Marshall Institute）在二〇一五年關閉前，也積極製造氣候變遷的疑點（過去他們也製造過關於二手菸、酸雨和臭氧層破洞的反方論點），不過這間機構，除了獲得石化工業的資金，他們本身拒絕「大政府」（big-government）解決社會問題的政治意識形態，可能也是背後的一大推動力。[24]就連一些任職於大學的科學家（他們在哈特蘭研究所的活動中發言時，受到搖滾明星般的熱烈歡迎），也對氣候變遷產生一些質疑。但是聲稱氣候變遷沒有「科學共識」，或是說科學界「還沒達成定論」，似乎是個笑話。

二〇〇四年，研究員發表一篇回顧文章，總結了截至當時所有與氣候變遷相關的科學論文，共計有九百二十八篇，他們發現，當中沒有一篇質疑人為因素促成氣候變遷的真實性。[25]在二〇一二年所做的更新版中，其他研究員發現，在一三九五〇篇報告中，僅有〇・一七％對此抱持不同意見。[26]

二〇一三年又做了類似的調查，一份針對探討氣候變遷成因的四千篇同行審議的論文做統整，當中有九七％認為全球暖化是由人類活動引起。[27]同時進行的最新民意調查卻顯示在美國成年人中，只有二七％認為「幾乎所有的氣候科學家都同意，人類活動是造成氣候變遷的主因。」[28]何以會有這麼多的公眾混淆？而且這調查的還不是氣候變遷是否是真有其事，僅是就科學家是否對此達成共識。答案很簡單，因為在過去二十年來，有人厚顏無恥地製造出各種疑點說詞，而那些能從中謀利的人則大張旗鼓地加以推廣。

一九九八年，美國石油協會（American Petroleum Institute, API）在華盛頓特區召開一系列會議，當時國際間正在就減少全球溫室氣體排放進行談判，他們齊聚一堂討論業界對於主要的「京都議定書」氣候條約的因應之道。與會者包括全美一些大型的石油公司代表，如埃克森（Exxon）、雪佛龍（Chevron）和南方公司（Southern Company）。[29]

這不禁讓人揣想，約翰．希爾的幽靈，還有那批一九五三年菸草公司的主管，是否也出席這場會議。會議紀錄應當是要保密的，但因為幾乎立即就外流出來，因此這次公眾不用等待四十年才能知道他們所討論的內容。[30]部分的後續行動備忘錄，如下：

獲勝的條件：

- 讓一般公民「明白」（體認）氣候科學的不確定性，將對不確定性的認識定調為「傳統智慧」的一部分；
- 讓媒體「明白」（體認）氣候科學的不確定性；
- 讓媒體平衡報導氣候科學，體認到挑戰當前「傳統智慧」觀點的效力；

- 讓業界高層領導人物了解氣候科學的不確定性，請他們擔任大使的角色，從而影響擬定氣候政策者；
- 讓那些根據科學發現來推動京都議定書的人，看起來（原文如此）與現況脫節。[31]

美國石油協會的行動計畫，與「菸草策略」之間的相似度高到讓人難以忽視。讀這份外洩出來的備忘錄時，會發現實施這一計畫的策略的重點在於：（一）「尋找、招募和培訓一群由五名獨立科學家組成的團隊，參與媒體宣傳」；（二）「建立全球氣候變遷資料中心……設立非營利性的教育基金會」；以及（三）「知會並教育國會議員」。這些招數聽來覺得耳熟嗎？

這故事其餘的部分讀來也很耐人尋味，但我想在這裡就可以打住，有興趣的話，可以去找本章所列的參考資料來看其餘的內容。這裡最重要的一點在於，儘管美國石油協會的「作戰」計畫在擬定後不到一週就遭到披露，但仍然非常成功。「事實」並不重要。現在的媒體受過良好訓練，要平衡報導任何「有爭議的」科學問題，呈現出「故事的兩面」。最後的結果就是一群對此困惑不已的大眾。而美國的新任總統還有其他著名的共和黨員，如參議員詹姆斯．英霍夫（James Inhofe）和參議員泰德．克魯茲（Ted Cruz）則繼續堅稱氣候變遷是一場騙局。

後真相的含義

今天的政治人物不可能忘記，過去那些否認科學案例的教訓。顯而易見的是，在今日甚至不用遮掩這種欺瞞策略。在這樣一個派系分明的環境中，許多人不再檢視證據，而是「選邊站」，錯誤資訊可以公開傳播，事實查核反而遭到輕忽。**選擇那些支持自身立場的事實，然後拒絕與立場相左的事實，這似乎就是創造新的後真相現實的重要成分。**對於那些關心事實和真相的人來說，會出現這樣的現象似乎令人難以置信，但現在確實不用為此付出任何政治代價，不然的話，為什麼那些想要達成政治目的的人都不再掩飾其行徑呢？川普肯定深諳此道，他多年來一直在煽動「質疑歐巴馬出生地」的陰謀論，最後還當選總統。當一個人的支持者關心其立場更勝於證據時，事實可能真的不如意見來得重要。

在今日這個後真相的世界，我們看到政客所採用的伎倆都來自於過去那批否認真相者的陣營，他們企圖對抗科學共識，而且他們都曾取得勝利。如果可以否認氣候變遷這樣的事實，那為什麼不能否認謀殺率呢？[32]如果菸草和癌症之間的關聯可以為幾十年的誤解和懷疑所遮蔽，那自然有人會希望將這套策略用在其他議題上，使其政治化。正如上文所提，這些策略都具有相同的根源；只是現在它的目標變得更大，對準了現實本身。在一個意識形態勝過科學事實的世界，後真相是不可避免的下一步。

第三章 認知偏差的根源

只有在剛好符合自己意願時，人們才能預見未來，當事實難以面對時，即使明擺在眼前也會完全遭到忽略。

——喬治．歐威爾

後真相最深層的一項根源，也是一項與我們長相左右的生物特性：認知偏差，這在人類的演化史中，早就建構在大腦內部。過去數十年來，心理學家進行種種實驗，顯示人類並沒有我們自認的那麼理性。這當中有些研究直接觸及人在面對出乎意料或不願面對的事實時，會產生怎樣的反應。

人類心理學的一項中心概念是我們會努力避免心理不適。認真看待自己稱不上是件令人愉快的事。根據佛洛伊德的理論，一些心理學家稱此為「自我防禦」，但無論我們是否從這個典範來架構它，這概念其實都很清楚。對我們來說，認為自己聰明、消息靈通、能幹，總是感覺起來比較好。那麼當我們眼前的資訊告訴我們，之前信以為真的事其實是假的，這時會發生什麼？這會造成心理緊張。我這麼聰明的人怎麼可能會相信造假之事呢？在自我批評的慘烈攻擊下，只有最強大的自我才能撐得夠久：「我真是個傻瓜！答案就在我面前，但我就是懶得去看。我真的是個白痴。」也就是說，這樣的心理緊張通常是透過改變自己的信念來化解。

重要在於改變的是哪個信念。有人覺得理當去改變那個如今證明為錯的信念。若是我們搞錯一個實徵現實的問題，等到最終看到證據時，去改變現在我們有充分理由懷疑的那部分，似乎是重建信念平衡最容易的方法。但實際上並不總是如此。調整一組信念的方法很多，有些是理性的，有些則不是。[1]

社會心理學的三個經典發現

一九五七年，萊昂・費斯丁格（Leon Festinger）發表他那本深具開創性著作《認知失調論》（*A Theory of Cognitive Dissonance*），在當中他提出一個觀點，表示人會在信念、態度和行為之間尋求和諧，當這三者失衡時便會體驗到心理不適。而在嘗試尋求解決這種不適感時，首要目標會放在保持自我價值感。在一典型的實驗中，費斯丁格讓受試者從事一些窮極無聊的任務，然後分別給他們不同的報酬，有人得到一美元，有人則拿到二十美元。在完成任務後，他要求受試者告知下一位接替者這項任務做起來很開心。費斯丁格發現，與那些拿到二十美元的人相比，僅獲得一美元報酬的受試者在介紹任務時，會將其說得更愉快。這是為什麼呢？因為他們的自我受到威脅。什麼樣的人會願意為了一塊錢去做一件無聊又無用的任務，除非這實際上讓他做起來覺得很愉快？為了減少這種不協調感，受試者改變他們對這項任務的想法，認為這沒有那麼無聊（而那些拿到二十美元的人則對此毫無錯覺）。在另一項實驗中，費斯丁格讓受試者舉著寫有抗議標語的牌子，其上所列的理由他們實際上都不認同。結果令人感到很不可思議，受試者舉了這些標語後，開始覺得其上所列的訴求比他們當初所想的有道理一點。

那麼，要是我們投入更多，不僅是執行無聊任務或舉標語時，又會是怎樣的情況？如果我們公開表明支持立場，甚至投入我們的生命，等到後來才發現自己被騙了，我們會怎麼樣？費斯丁格以《奧姆真理教》（*The Doomsday Cult*）這本書來分析這種現象，在書中他講述有一群自稱「追求者」（The Seekers）的活動份子，相信他們的領袖多羅西．馬丁（Dorothy Martin）可以解讀外星人的訊息，他告知其信眾，外星人將在一九五四年十二月二十一日世界末日那天前來拯救他們。將所有的財產賣掉後，信眾聚在一座山頂等待，但外星人一直沒出現（當然世界末日也沒有降臨）。他們經歷到的認知失調一定非常嚴重，那他們是如何化解的？不久後，多羅西．馬丁帶著新訊息前來迎接他們：由於他們的信仰和祈禱產生強大的力量，外星人決定取消他們毀滅地球的計畫。就這樣，這批尋求者拯救了世界！

在外人眼中，這群人實在太容易上當了，很自然地將其貶抑為愚蠢的信徒，但在費斯丁格和其他人的進一步實驗中，卻顯示出我們每個人或多或少都會為這類認知失調所苦。比方說，若是加入一個距離太遠的健康俱樂部，我們會合理化自己花這筆錢的原因，於是便跟朋友說在那裡進行的鍛鍊是密集式的，每週只需要去一次就好了；又好比說，有機化學的考試成績不理想時，我們會告訴自己，反正不是真的想去讀醫學院。但認知失調還有另一個不應低估的面向，這是「非理性」的傾向，若是身邊包圍著其他也相信這種作為的人，往往會加以強化。如果當初只有一個人相信「世界末日邪教」，也許那人最後會自殺，或是躲起來。但是當有其他人也誤信這個信仰，有時即使是最令人難以置信的錯誤，也可以合理化。

所羅門．阿希（Solomon Asch）在他一九五五年那篇極具開創性的〈意見與社會壓力〉（Opinions and Social Pressure）文章中，展現出社會對人的信念的影響，當我們認為我們所相信的與周遭的人不符，可能會對自己對證據的覺知大打折扣。簡言之，同儕壓力是有作用的。正如同在我們自己的信念中尋求和諧，我們也想要與周圍的人所相信的達成一致。阿希在他的實驗中將七到九位受試者聚集起來，當中除了一個受試者之外，其他所有人都是「同盟者」（即讓他們「加入」實驗設計的騙局）。那個沒有「加入」的人是唯一的實驗受試者，而且永遠將他安排在桌子的最後一個座位。在這實驗中會讓受試者看一張上面有一條線的卡片，以及一張上面有三條線的卡，其中一條線與另一張卡上的長度相同，另外二條的長度則「非常不同」。實驗者會讓這群人傳閱，並大聲說出第二張卡上的三條線中哪一條的長度與第一張卡的等長。在最初的幾次試驗中，同盟者會正確地說出，實驗受試者當然與他們的答案一致。然後事情開始變得有趣起來。這群同盟者開始口徑一致地做出錯誤的選擇，選了實際上與第一張卡上長度不一樣的線條。等問到實驗受試者時，他顯然處於心理緊張的狀態。正如阿希所描述的：

> 他身陷在一個艱難的處境，明知自己的答案正確，卻出乎意料地發現自己處於少數，這麼簡單的事實明擺在眼前，但卻遭到多數人一致地反對。在他身上，我們等於加諸了兩股相抗衡的力量，一股是他感知到的證據，另一股是他那群同伴口徑一致的意見。[2]

在說出答案前，幾乎所有感到認知失調的受試者看起來都很驚訝，甚至無法相信眼前所發生的。然後，更有趣的事發生了。在這些受試者中，有三七％的人屈服於多數人的意見。他們扭曲自己眼見的事實，只為了表達和大家一致的意見。

另一項關於人類非理性的重大實驗，是由彼得・卡斯卡特・瓦森（Peter Cathcart Wason）在一九六〇年進行的。在他那篇〈在概念任務中無法排除假設之探討〉（On the Failure to Eliminate Hypotheses in a Conceptual Task）的研究報告中，瓦森率先確定出人類在推理中經常犯的邏輯錯誤和其他概念錯誤。在這系列的第一篇論文中，他引入一個觀念（日後才加以命名），也就是在後真相的辯論中幾乎每個人都聽過的：確認偏差（confirmation bias）。[3]瓦森的實驗設計得很優雅。他給二十九名大學生一項認知任務，要求他們根據實徵證據來「尋找規則」。瓦森給受試者看一組三個數字的數列，如二、四、六，然後對他們說，他們的任務是找出產生這組數列的規則。並要求受試者以他們所猜想的規則寫下自己的三個數字，實驗者會告訴他們這組數字是否符合這項規則。受試者想要重複多少次都可以，但會提示他們嘗試次數越少越好。對他們可以提出的數字沒有任何限制。等確定好時，受試者就可以提出他們的規則。

結果相當令人震驚。在二十九位高智商的受試者中，只有六位第一次就提出正確的規則。有十三位猜錯一次，有九位提出兩次以上的錯誤規則。其中有一位受試者甚至無法提出任何規則。這裡到底發生什麼事？在瓦森的研究報告中，那位失敗的受試者似乎不願意提出測試其規則正確與否的數字組，只是不斷提出那些符合這項規則的。比方說，在「二、四、六」這題中，許多受試者最初寫下的一組數字是「八、十、十二」，而得到的回覆是「對，這符合規則」。之後，有些人只是不斷加二，來提出一個遞增的偶數數列，卻沒有把握測試機會來驗證直覺推斷的這個「每次加二來產生數字」的規則是否正確，他們只是不斷提出符合這規則的數字組。當這些受試者說出他們認為的規則時，很震驚地發現這是不正確的，雖然他們從未以任何不符合這規則的數列來測試。

之後，有十三位受試者開始測試他們的假設，最後終於提出正確的規則，這規則是「任何三個數字以遞增方式排列」。一旦他們打破「確認」的心態，他們就願意接受要獲得原始數列的方法可能不止一種的想法。但這無法解釋為何有九個受試者會提出兩個以上的錯誤規則，畢竟他們獲得足夠的證據，顯示他們的提議是錯的，但卻還是找不到正確規則。他們為什麼不猜「九、七、五」？瓦森推測：「他們可能不會靠自己來驗證規則；或者就算他們知道，但還是選擇更簡單、更確定或更安心的方式，也就是直接從實驗者那裡獲得答案。」[4]換句話說，在這一點上，他們的認知偏差相當根深柢固，只能為正確的答案掙扎。

（一）認知失調、（二）社會一致性，以及（三）確認偏差，所有這三類實驗的結果顯然都與後真相有所關聯。在後真相時代，很多人在形成自己的信念時，似乎並不依循正規的推理過程，也沒有以良好的證據標準為依歸，而是跟著自己的直覺走，甚或是同儕的直覺。然而後真相這個現象，並沒有在一九五〇年代甚至是一九六〇年代興起。它還在等待其他促成這項完美風暴的因素，如極端黨派偏差，和在二十一世紀初期因為社群媒體出現，而形成的「資訊孤島」（information silo）。與此同時，還陸續有認知偏差的驚人研究出現

當代的認知偏差研究

很多人都介紹過近幾年在行為經濟學領域的重大突破。在一九七〇年代末期，一些經濟學家借用社會心理學家的早期實驗方法，開始質疑在新古典模型中的「完全理性」（perfect rationality）和「完美資訊」（perfect information）等簡化假設，過去這些假設是為了模型中的演算需求而採用的。若是採行實驗方法，又會看到什麼呢？

理查．塞勒（Richard Thaler）在他的《不當行為：行為經濟學之父教你更聰明的思考、理財、看世界》（*Misbehaving: The Making of a Behavioral Economist*）一書中談到早期他和丹尼爾．卡尼曼（Daniel Kahneman）和阿莫斯．特沃斯基（Amos Tversky）這兩位認知心理學巨頭的合作研究。一九七四年卡尼曼和特沃斯基發表〈不確定時的判斷〉（Judgment Under

Uncertainty），在學術界掀起一陣風暴，在文中他們提出三種與人類決策過程直接相關的認知偏差。[5]在接下來的幾年裡，他們進一步研究與選擇、風險，和不確定性相關的主題，揭露出更多的決策異常，對其他學科產生重大影響，最後卡尼曼還因此獲得二〇〇二年的諾貝爾經濟學獎。（特沃斯基已於一九九六年去世，因此喪失獲獎資格。）卡尼曼表示，他一生之中從未修習過經濟學課程，他對這主題的所有認識都要歸功於塞勒。

突然之間，大家開始重視認知偏差，投入前所未有的注意在這上頭。當中有部分是重新發現和關注人類心理學的一些老舊事實，這些事實古老到甚至沒有人能確定最初的發現者。來源失憶症（source amnesia），即我們記得所看到或所聽到的，但卻不記得這個消息來源是否可靠，這顯然與我們如何形成信念的問題有關。同樣地，重複效應（repetition effect），即如果反覆聽到一則消息很多次，就會比較容易相信，這是汽車銷售員和希特勒的宣傳部長非常熟悉的伎倆。但還有很多其他的新研究，顯示出人類大腦內建有更多的認知偏差。[6]而就本書的目的而言，當中最重要的兩項是基於瓦森早期的確認偏差研究繼續確定出來的兩種效應，分別是逆火效應（backfire effect）和達克效應（Dunning–Kruger effect），這兩者都根植於動機推理的概念。

「動機推理」（motivated reasoning）是指我們對事物的期待，可能會影響我們對實際情況的覺知。我們時常進行推理，即使是在有情緒的狀況下。這堪稱是降低失調（dissonance reduction）和確認偏差這兩者背後的運作機制，箇中原因其實顯而易見。當我們感到心理不適時，就會有動機去找一種不會威脅到自我的方式，來降低這種不適感，這可能會導致整個人往非理性調整，讓我們的信念去適應我們的情感，而不是說之以理。將這點詮釋得最好的也許是厄普頓・辛克萊爾（Upton Sinclair），他觀察到：「要讓一個人相信某件他老闆不相信的事真的很難。」

確認偏差的觀念似乎可以讓人直接想到動機推理，因為通常我們有動機去捍衛我們的信念，會去尋找證據來確認其正確性。這種機制經常出現在警探的工作中，他們在確定嫌犯後，會試著以他來建立案子，而不會尋找排除他涉案的可能。不過這裡的重點在於區分動機推理和確認偏差，因為這兩者並不完全相同。動機推理是一種心態，我們自己願意（也許是在無意識的情況下）根據我們的觀點來塑造我們的信念，而確認偏差則是達到這個目的的運作機制，是去詮釋資訊來使其符合已有的信念。

一些探討動機推理的研究，可回溯到社會心理學中的其他經典發現。在最近的一項研究中，研究員推測這就是為何不同球隊的球迷在看同一場比賽的錄影時，會得出不同的結論。讓我們先排除這種說法只是在嘲諷體育狂而已，只是因為這與我們所支持的球隊切身相關，而不願意承認任何讓我們的隊伍處於劣勢的事情。當然，在某些情況下可能會發生這種情況。在體育界也有那些粉飾太平的化妝師。在重播畫面中，我們看到裁判給我們的球隊過於有利的發球點，但若這讓他們踢出贏得比賽的射門，幹嘛還要去質疑它？而正如我們在隨便一群真正的球迷身上所看到的，狂熱的球迷通常「看到」的比賽不會和其他人一樣。我住在新英格蘭區，相信我，到現在大家還在為二〇一五年新英格蘭愛國者隊（New England Patriots）的四分衛湯姆．布雷迪（Tom Brady），把他的球洩氣一事爭論不休，或是對球隊是否有作弊情事僵持不下。這不僅是因為我們是非不分地一定要支持自己地方上的球隊。新英格蘭的球迷就是無法**相信**愛國者隊會作弊。若你堅持的話，可以說這是野蠻的部落主義，但這背後的心理機制存在於所有人身上，不論是綠灣包裝工、巨人隊，或小馬隊的球迷。

東北大學（Northeastern University）心理學家大衛．德斯特諾（David DeSteno）以研究情緒和道德判斷為主，曾探討過這種「團隊歸屬感」（team affiliation）對道德推理的影響。在一項實驗中，他將剛剛才見過面的受試者依照所發的彩色腕帶隨機分組，然後再將他們分開來。實驗者告訴第一組他們有兩個任務選項，一個是有趣的十分鐘任務，另一個是困難的四十五分鐘任務。然後他們將每個受試者單獨置於一房間內，告訴他們可自行決定要選哪項任務，或是以擲硬幣的方式來選，但不論是哪種選法，下一位進來的人就只能做剩下的那項。這些受試者並不知道他們在房間的舉動有被拍攝下來。離開房間時，九〇%的人表示他們是公平的，儘管大多數人都是選擇那項容易的任務，而且不是用丟硬幣的方式來決定。不過接下來發生的事情才真的令人感到不可思議。當請剩下的那一半受試者來觀看這些說謊或欺騙的畫面時，他們會責備這些人，但卻排除和自己戴著相同顏色腕帶的人。[7]如果光是因為這樣微不足道的腕帶就讓我們願意原諒一些不道德的行為，試想在面對那些我們真的投入感情的人時，我們的推理可能會受到多大的影響。

神經學家也研究動機推理，他們發現當推理受到情感影響時，大腦中會有另一個區塊加入推理過程。在給三十位死忠黨員一項危及他們自己候選人（或傷害對方候選人）的推理任務時，他們大腦中會有另一個區域活化起來（這是以功能性磁振造影（fMRI）來測量的），但是在做和政黨無關的推理任務時，這一區則不會受到活化。發現我們的認知偏差有其神經基礎，這也許並不驚人，但這項研究是第一個提出實驗證據，展現動機推理具有這樣的腦部分化運作。[8]在認識這些背景知識後，現在就可以來探討這兩個用來解釋後真相政治信念的認知偏差，是如何影響我們接受事實和證據的意願。

逆火效應

逆火效應是根據布倫丹・尼亨（Brendan Nyhan）和賈森・瑞夫勒（Jason Reifler）的實驗

而來，他們發現給一特定政黨的黨員看那些證明其政治信念有錯的證據時，他們會拒絕這項證據，還會對錯誤信念「加碼」。更糟的是，在某些情況下，提出反駁證據會導致一些受試者增加對其錯誤信念的力度。

在這項研究中，他們提供受試者看假造的報紙，當中有刊登一些普遍的誤解。其中一篇報導支持伊拉克，在伊拉克戰爭前就擁有大規模殺傷性武器。另一則新聞則是布希總統已經全面禁止幹細胞研究。這兩則新聞都是編造的。當提出更正的資訊時，比方說，引用一段布希總統發表的講話，提到他承認伊拉克並沒有大規模殺傷性武器，這時受試者的反應會因為黨派不同而有差異。自由派和中立者接受更正的資訊（這或許在意料之中）。然而，保守派卻沒有。事實上，研究員注意到，一些保守派黨員表示他們在讀了更正的資訊後反而更加相信假消息，確定當中提到的大規模殺傷性武器真的存在：

換句話說，這些更正資訊引發了逆火效應，保守派人士收到更正資訊，告知他們伊拉克並沒有大規模殺傷性武器，但這反而讓他們更加相信伊拉克具有這些武器，其比例高出沒有提供更正消息的控制組。[9]

研究員推測，或許這樣的結果是由於保守派人士本來就對**所有**媒體來源都抱持較強的不信任感。但這假設與他們的實驗結果並不相符，因為消息修正組和未修正（控制）組的受試者，都有讀到文中布希總統的聲明。

> 因此，逆火效應必定是來自實驗中修正的消息。若是受試者只是不信任媒體，他們應該會忽略那則修正的消息。但是，保守派反而更往「錯誤」方向過去，這樣的反應很難簡單歸因於他們對媒體的不信任感。[10]

在進一步的測試中，研究員想要測試這樣的結果是否會出現在自由派的人士身上。他們讓受試者看一篇假造的新聞，提及布希強制禁止所有的幹細胞研究（事實上他只是限制聯邦資金贊助二〇〇一年八月之前建立的幹細胞系，並沒有限制私人經費在這類研究上的投資），然後再給他們看正確的資訊。在這組實驗中，更正消息在保守派和溫和派人士上有作用，但自由派卻沒有。然而，這裡值得注意的是，在自由派人士中並沒有出現逆火效應。儘管資訊還是遭到「中和」，沒有改變自由派的錯誤想法，但在他們身上，研究員沒有找到任何證據顯示，發現真相反而強化自由派對錯誤觀點的相信程度。在此，事實並沒有產生適得其反的逆火效應。

有些人認為，以事實證據來改變在政治信念中的明顯錯誤，基本上就是想要「用水來撲滅油上的火。」[11]至少在死硬的保守派人士身上確實是如此。不過正如尼亨和瑞夫勒在他們的研究中指出的，在事實證據的面前，再堅定的意識形態，不論是在政治光譜的哪一端，都不可能永遠堅持己見。他們引用前人在這方面的研究，再佐以他們在實驗中發現的另一個次要結果，指出若是一直讓各黨派人士接觸會動搖他們信念的相同資訊，他們會變得比較願意接受正確的資訊。在一項類似的研究中，大衛・瑞德婁斯科（David Redlawsk）等人則是在探究「有動機的推理者」是否能夠接受更正資訊，抑或只是一昧地否定。他們的結論印證了尼亨和瑞夫勒的推測：即使是最死忠的黨員也會因為不斷接觸到修正的證據而達到「臨界點」，改變他們的信念。[12]

達克效應

達克效應（有時又稱為「蠢到不知道自己很蠢」效應）這種認知偏差是指受試者的能力過低，往往不能體認到自己的無能。請記住，除非有人全知全能，不然我們每個人或多或少都會受到這種效應的影響。卡尼曼和特沃斯基在他們早期的研究中，探討了過度自信偏差（overconfidence bias）有時造成的後果也很令人擔心。為什麼當我們在百慕達度假時，明明知道自身能力有限，還是決定租一輛機動滑板車？或是再舉小約翰甘迺迪這個更有名的例子，為何在教練勸阻不要飛行時硬是相信自己有足夠的飛行經驗，足以通過途中惡劣的條件，自己駕駛小飛機去參加海尼斯港的家庭婚禮？達克效應再次解釋其中的一部分，而且還擴及更廣，不僅是考慮手頭任務的難度，還將評估者的屬性納入考量。

大衛．達寧（David Dunning）和賈斯汀．克魯格（Justin Kruger）在一九九九年進行一項實驗，在當中他們發現受試者往往大幅高估自己的能力，即使是那些幾乎沒有受過訓練的受試者。很多人都對美國作家蓋瑞森．凱羅爾（Garrison Keillor）的「烏比岡湖效應」（Lake Wobegon effect）耳熟能詳，在他虛構的那座小鎮上：「所有兒童都比普通小孩優秀」。也許大家之所以覺得這段描述好笑，是因為我們從中認出自己。有多少司機（或戀人）會將自己評為「低於平均水準？」達寧和克魯格發現這種效應可以擴展許多能力的自我評量。從智力、幽默感，甚至到邏輯推理或象棋這種高技能的能力，受試者經常會嚴重高估自己。為什麼會這樣呢？正如作者所點出的：「無能會剝奪（人）理解自身無能的能力……在一個特定領域產生競爭力的技能，往往也是在這領域用來評估自己或他人的能力所必須的技能。」[13]這效應所造成的結果就是我們許多人變得盲目，會犯下自己覺察不到的錯。

達寧和克魯格的另一項發現也相當發人深省，他們要求四十五名資質優異的大學生，做二十題從「法學院入學考試」（Law School Admission Test，簡稱ＬＳＡＴ）模擬試題中抽出的邏輯測試。任何熟悉ＬＳＡＴ的人都知道，這些題目可不簡單。他們不僅要求受試者做完這些問題，還要他們評估自己的成績，以及相對於其他人的排名。研究員發現，大多數學生會將自己擺在第六十六百分位（即前三分之一）。值得注意的是，學生一般不會高估自己的表現；他們正確評估了自己做對和做錯的題目。比較不對勁的地方是，他們是否自認「高於平均」。事實上，最令人感到震驚的發現是那些得分最低的自評。那些平均成績落在第十二百分位（最低級數）的人，仍然認為他們的邏輯思維能力高於平均，落在第六十八百分位。[14] 這也許是達寧－克魯格的實驗結果中最令人震驚的發現：表現最差的人高估自己的程度最大。

這時，有人會想要找出解答這一現象的機制。或許是這些學生無法承認自己無能，所以企圖掩蓋？但這看來不太可能，因為即使提供一百美元獎金給準確自評技能的人，這些受試者還是無法正確自評。這裡發生的似乎不僅是欺騙而已，還有自欺。我們非常愛自己，以至於無法看到自己的弱點。[15] 但難道這就是在面對那些動搖到與我們情感連結的政治信念時（事實上甚至可能將其視為身分認同的一部分），不願承認自己錯信或錯認的原因嗎？甚至寧願依靠「直覺」也不願接受專家提供的事實。當（共和黨籍的奧克拉荷馬州）參議員詹姆斯．英霍夫（James Inhofe）在二〇一五年帶了一個雪球進入美國議院，以此作為全球暖化的「反證」時，他會知道自己看起來有多麼無知嗎？竟然弄不清楚氣候和天氣之間的差別？可能不會，因為他「蠢到不知道自己很蠢」。當川普說他對伊斯蘭國的了解比美國那些將軍更多時，他真的相信自己所講的話嗎？[16]很少有人願意說：「這個嘛，我不是這方面的專家」，然後就閉上嘴巴。相反的，我們通常會繼續下去，完全忘了一句古老的格言：「寧可被當作沉默的傻瓜，也比張嘴證明它來得好。」

顯然，逆火效應與「蠢到不知道自己很蠢」的達克效應都與後真相現象有關。這兩個效應再加上其他認知偏差，有時不僅會損害我們清晰思考的能力，還會妨礙我們對此的覺知。**屈服在認知偏差的效應下可以讓人感覺自己像是在思考，特別是在讓我們有情感牽絆的主題上，所有的實驗證據都顯示，這可能會影響我們的推理能力**。為什麼在人類的演化過程中會出現這些認知偏差？這是個有趣的問題。難道去適應真相不是件好事？難道相信真相不會增加我們的生存機會嗎？[17]無論基於何種原因，我們必須明白，絕大多數的認知偏差只是我們大腦結構作用的一種方式。我們無從選擇是否擁有這樣的特性（即便我們希望能夠經由謹慎學習和批判推理的訓練來稍微取回一些掌控權，減少它對我們信念的影響）。**無論是自由派還是保守派，認知偏差都是我們承繼到的一部分人類遺產**。

然而，如前所述，也許有些認知偏差會因我們的政治傾向而出現不同的運作方式；如之前所見，逆火效應在自由派身上的效應較低。其他研究員也探索是否有存在純屬黨派的偏差。人類學家丹尼爾．費斯勒（Daniel Fessler）在《心理科學》（*Psychological Science*）雜誌發表的一篇引人發想的論文，他探討所謂的消極偏差（negativity bias），試圖解釋為什麼保守派似乎比自由派更容易相信具有威脅性的假消息。[18]在費斯勒的研究中，他讓受試者看十六種陳述（其中大多數是假的），但沒有一個荒謬到不可能是真的。有些是無關痛癢的內容，比方說：「空腹做運動能燃燒更多的熱量」，但另一些則具有急迫性的威脅，諸如「從二〇〇一年發生九一一事件以來，恐怖份子對美國的攻擊增加了。」之後他請受試者自評是自由派還是保守派，然後再請他們判斷哪些陳述是真的。在那些無關痛養的陳述中，兩派之間沒有顯著差異，但是保守派有更高的概率會相信那些具有威脅性的假造陳述。[19]

不同黨派的人真的會用不同的思考方式嗎？實驗證據顯示，在保守派人士的大腦中，負責產生恐懼感的杏仁核比在自由派中的來得大。[20]有人推測這就是為什麼二〇一六年美國總統大選期間，大多數的假新聞都是針對保守派觀眾的原因。如果你想讓人接受一個陰謀論，也許在右翼陣營會比較有成效。費斯勒注意到的這種消極偏差不是特別大：「以統計方式來推測受試者在政治光譜上的分散程度，研究員認為，當陳述內容是在警告他們不好的後果而不是許下美好的承諾時，受試者的政治傾向每向右偏一格，平均而言對陳述內容的懷疑程度會降低二%。」[21]儘管這個百分比很小，但要是選民人數夠多，這或許足以扭轉選情。無論如何，費斯勒的這項研究首次將容易受騙上當的問題，放在政治認同的軸線上來探討。[22]

後真相的含義

過去，我們的認知偏差也許會透過與他人的互動來修正。諷刺的是，儘管今天的媒體氾濫，但與我們得和部落、村莊或社群的其他成員，生活和工作在一起才有辦法獲得資訊的祖先相比，今日的我們或許更不容易接觸到相反的觀點。人在彼此交談時，自然會接觸到各式各樣的觀點。甚至有實徵研究顯示，這樣的交流可能有益於我們的推理。

卡斯・桑斯坦（Cass Sunstein）在他的《資訊烏托邦》（*Infotopia*）中討論過這樣的觀點：當個體互動時，他們有時會達到單獨一人無法實現的結果。[23]這算是一種「整體大於部分之總和」的效應。桑斯坦稱此為「互動團體效應」（interactive group effect）。本章前面談及提出「確認偏差」的瓦森，曾和他的同僚進行過另一項研究，他們找來一群受試者，請他們一同解決一個邏輯難題。這題目很難，很少有受試者能夠靠自己獨立解題。當將這問題交給一個小組來解時，發生了一件有趣的事情。組員開始質疑彼此的推理，思考和他們的假設不合的情況，甚至到達看似無法理解自己想法的程度。但研究員發現，很多時候團體能夠解開組員單獨無法解決的題目。[24]在桑斯坦眼中，這就是關鍵所在。團體的表現優於個人。而且互動多、有審慎思考的群體的表現，又優於較為被動的群體。在團體中提出我們的想法時，帶來了尋找正確答案的最佳機會。在尋找真相時，最管用的三項方法就是批判性思考、懷疑，以及讓其他人來檢視我們的想法。

然而，如今我們可以挑選自己的互動對象。無論我們的政治訴求是什麼，只要我們願意，可以生活在自己的「新聞孤島」（news silo）。如果我們不喜歡某人的言論，可以在臉書上刪除或隱藏他。如果我們喜歡陰謀論的講法，可能會找到這樣的廣播電台。今日比以往任何一個時候都容易找到志同道合的人。一旦我們找到了，還要承受修改自己觀點以融入社群的進一步壓力嗎？所羅門・阿希的研究顯示，確實有這個可能。如果我們是自由主義者，那麼在移民、同性婚姻和稅收方面要與大多數朋友達成一致的意見，可能會感到不舒服，但對槍支管制就比較難說。若是如此，我們可能要付出改變自己意見的社會代價。在某種程度上，這不是因為批判性互動而產生，只是因為不想冒犯朋友，這可能不是件好事。姑且稱它為互動團體效應的黑暗面，要是有人參加過陪審團，大概就可以描述這樣的感受：當我們的觀點與同伴一樣時，就會覺得比較舒服。但要是我們的同伴出錯，那該怎麼辦？無論是自由派還是保守派，沒有一方能掌握所有的真相。

我不是在這裡暗示要去接受虛假的說詞，或是說真相可能介於政治意識形態之間的某處。處於真相與錯誤之間的中間點，並沒有比較對一點。我在這裡只是想說，在某種程度上，發現真相的過程中，所有的意識形態都是敵人。研究員也許是正確的，自由派比保守派具有更大的「認知需求」（need for cognition），[25]但這並不意味著自由主義者應該對此感到沾沾自喜，或是相信他們的政治直覺離事實證據不遠。在費斯丁格、阿希和其他人的研究中，我們可以看到尋求意識形態一致性的危險。他們的研究結果顯示，每個人天生就有認知偏差，這讓我們相信周圍的人所相信的，即使眼前的證據告訴我們的是另一件事。在某種程度上，我們都將群體的接受度看得很重要，有時甚至高過現實本身。但倘若我們在乎真相，就必須與此對抗。這是為什麼呢？因為我在本章中描述的這些認知偏差，正是促成後真相的完美前驅物。

若是我們已經有動機去相信某些事，那麼不需要費太多力氣，就可以讓我們相信，特別是當我們在乎的其他人已經是如此。**我們固有的認知偏差，讓我們準備好受到那些居心叵測的人所操控和利用，特別是當他們能夠推翻所有其他資訊來源的可信度的時候**。就跟我們沒有擺脫認知偏差的出口一樣，處於新聞孤島也讓人無法抵禦後真相。這裡的危險就在於，在某種程度上，這兩者是相聯的。我們都受到我們的資訊來源所牽制，尤其是當他們說的正是我們想要聽的，這時的我們最為脆弱。

第四章 傳統媒體的式微

新聞業就是在印刷別人不想要印刷的內容，其他一切都是公共關係。

——喬治・歐威爾

社群媒體的興起正是近來促成「資訊孤島」的主因，這已不是什麼祕密，而這滋長了我們內建的確認偏差。不過在這個故事中，得要先提一下傳統媒體日趨式微的現象，才有辦法繼續講下去。

在鼎盛時期，今天所謂的美國「權威媒體」（prestige press），如《紐約時報》、《華盛頓郵報》、《洛杉磯時報》和《華爾街日報》和ABC（美國廣播公司）、CBS（哥倫比亞廣播公司）和NBC（國家廣播公司）等電視網，是美國人的主要新聞來源。「一九五〇年，美國的日報平均每日付費發行量是五三八〇萬份（這相當於一二三・六%的家庭數量）。」[1]稍微停下來想一想。那可是超過一〇〇%。也就是說，有些人家會訂閱兩份報紙。「到二〇一〇年，美國的日報平均每日付費發行量約為四三四〇萬（相當於三六・七%的家庭）。」想一想這個數據；這意味著媒體失去近七〇%的讀者群。自一九五〇年代以來，電視網會有一主播每天晚上播報新聞節目半小時，發送到全美。[2]在一九六二到八一年間，坐在CBS電視台那張主播台後方的華特・克朗凱（Walter Cronkite）經常被稱為「美國最值得信賴的人」。

許多人認為，這時期是新聞的「黃金時代」。一九五〇和六〇年代，因為電視網的競爭導致許多小型報社倒閉。這讓「美國大多數的主要城市為單一報社所壟斷，存活下來的報社比二十年前的那些報社更好、更豐富，而且更嚴肅。」[3]那電視呢？因為他們預計每天只播出半小時的新聞，因此電視網可以把心力投入在調查型的報導。除了偶爾要發布的（駭人的）新聞快報：「我們現在為您插播特別報導」，警告有戰爭爆發或暗殺事件，不然電視台的新聞內容都僅限於其自身的利基，好讓電視台能夠從他們的娛樂節目獲利。

雖然電視上沒有太多新聞時段，但這卻成了對新聞部門的「祝福」，因為沒有人期待他們會賺錢。泰德・柯培爾（Ted Koppel）對此這樣解釋：

電視網的主管擔心，如果節目內容不符合一九二七年頒布的「無線電法案」（Radio Act）所要求的「公共利益、便利性和必要性」，可能會導致聯邦通訊委員會暫停甚至撤銷其許可證。三大電視網都拿他們的新聞部門（虧本運作或難以達到收支平衡）當作履行聯邦通訊委員會授權的證據。從某種意義上來看，那時的新聞部門可說是失了裡子，贏了面子，讓NBC、CBS和ABC拿來說嘴，合理化他們從娛樂節目獲得的巨額利潤。[4]

一九六八年當CBS推出《六十分鐘》（*60 Minutes*）新聞節目時，情況開始改變，這節目播出三年後成了史上第一個獲利的新聞節目。突然間，電視網的人有了新想法。雖然這並沒有立即改變電視新聞的播報模式或電視台對它的期待，但電視網的主管開始看到新聞節目獲利的可能性。[5]

儘管如此，傳媒的黃金時代一直持續到一九七〇年代，不過在一九七九年伊朗的人質危機爆發，為電視台製造了一個難題。突然間公民對相關新聞求知若渴，但這要怎麼安插新聞，才不會損及娛樂節目的豐厚利潤？強尼・卡森（Johnny Carson）在NBC的《今夜秀》（*Tonight Show*）成了一頭難搞的野獸。CBS得放棄在那個時段播放的晚間電影。ABC則在黃金時段重播。然後有人想到一個主意：

> ＡＢＣ電視網當時決定嘗試不同的策略，他們將每日的伊朗簡報延遲到夜間播放。這也是個行銷決定，因為ＡＢＣ沒有能夠與ＮＢＣ的強尼．卡森的脫口秀相抗衡的深夜節目，相比之下新聞節目便宜許多。ＡＢＣ原本的晚間時段則以《夜線》（*Nightline*）這個新的節目企劃來填補，這節目專門報導（人質）危機。每天晚上ＡＢＣ都會在螢幕上播放「美國人質」的跑馬燈，在這標題後面便跟著囚禁天數。主持人通常是由ＡＢＣ的資深新聞記者泰德．柯培爾擔任，他會採訪專家、記者，以及與這場危機相關的人物，填滿整個時段。[6]

結果這節目非常成功，在人質危機結束後又播放一年才結束。但剩下來的問題是：還有人想要看更多的新聞嗎？

隨後跳進來的是ＣＮＮ，他們在一九八〇年決定賭賭看。突然間有了長達二十四小時的新聞節目時段。就算柯培爾能夠不斷請伊朗專家來討論這個話題，但那時到底有多少專家，又有多少值得報導的主題呢？在觀眾這邊，他們會願意將新聞節目當成是二十四小時的自助餐，隨時想看的時候就轉台看一下，而不是等待下一份報紙，或是他們「晚餐」時間的新聞節目主持人嗎？結果他們完全買帳。儘管CNN遭到批評，說是和其他電視網相比：「淡化」了新聞報導，但它幾乎立刻取得成功。一九八三年，《紐約時報》的商業版報導CNN的初期獲利。[7]在一九八〇年代及之後，CNN的收視率隨著全球爆發的一系列危機而上升，吸引大家觀看有線電視台的新聞，這些危機有：太空船挑戰者號爆炸事件、天安門事件、柏林圍牆倒塌，以及最後的波灣戰爭。[8]

當然，也有人批評CNN的立場偏差，但幾十年來，這一直就是報紙、廣播，和有線電視新聞難以擺脫的主題。美國前總統林登・詹森（Lyndon Johnson）很討厭電視網對他在越戰時期的報導。尼克森的副總統斯皮羅・阿格紐（Spiro Agnew）批評華盛頓記者團是「一群消極主義的碎念者」。右派陣營抱怨新聞總是「偏向自由派」，不過一直到一九八〇年代，情況確實是如此，完全沒有其他說法。

在知名的右派電視台主持人拉許・林堡（Rush Limbaugh）出現前，電台播放談話性節目已經有三十年歷史，但正如湯姆・尼可斯（Tom Nichols）在他的《專業之死》（*The Death of Expertise*）一書中所解釋的，林堡確實有所創舉：「（他把）自己定位為真相的來源，與其他的美國媒體唱反調。」[9]林堡覺得其他媒體都在為前總統比爾・柯林頓（Bill Clinton）這樣的自由主義者講話，因此試圖讓美國其他的意見發聲。結果他大獲成功。

開播沒幾年，林堡的節目便在全國六百多個電視台播出……（林堡）讓觀眾打電話叩應進來，表達他們對節目的支持，以此在全國各地建立忠實的粉絲群。林堡早期分支機構的一位經理表示這些電話已經過篩選和審查；這是因為林堡覺得他自己不善於辯論。然而，辯論並不是重點，他的目標是要營造出一份社群感，當中的成員早已彼此認同。[10]

會收看林堡節目的人，不是為了要認識新的「事實」，而是因為他們覺得這樣可以遠離那些他們認為具有政治偏見的報紙和電視新聞報導。況且，在還沒有叩應的廣播辯論節目前，媒體一直都是單向的，是由某人來告知他們什麼是對的。

林堡的節目讓人可以聽到自己的聲音，參與社群。在還沒有人在媒體上談論確認偏差前，林堡已經發現它。而這讓他成為主宰者。

到那時為止，其他人只是意識到支持各黨派的新聞報導可能具有潛在的市場。結合微軟（Microsoft）和ＮＢＣ環球（NBC Universal）兩間公司的ＭＳＮＢＣ於一九九六年七月成立。緊接在後的是一九九六年十月推出的福克斯新聞台（Fox News）。兩者都自詡要與ＣＮＮ相抗衡。在今天，你會發現有人並不接受MSNBC是具有黨派色彩的想法。但是在它最初成立的前幾年，可是刻意要保有黨派色彩，當時經常有像是安．庫爾特（Ann Coulter）和蘿拉．英格拉漢姆（Laura Ingraham）這類保守派評論家出現在節目。不過，到了某個時間點，MSNBC漸漸確定出自己的（儘管有些時候不大順暢）新聞自由主義觀點。至於由保守派媒體顧問羅傑．艾爾斯（Roger Ailes）一手打造的福克斯新聞台，則從未有過這樣的矛盾心理：

> 福克斯的出現是黨派分裂的最後一步，這展現出人們是如何在新的數位市場中尋找新聞來源。當年林堡試圖用收音機來做的……艾爾斯以網路實現了。就算艾爾斯沒有成立福克斯，也會有其他人出來做，因為這市場早已存在，談話性廣播節目已經證明這一點。正如保守派作家和福克斯的評論員查爾斯．克魯瑟默（Charles Krauthammer）戲謔地表示，艾爾斯「發現了一群利基觀眾，也就是另一半的美國人。」[11]

福克斯將政黨新聞報導提升到一個新的層次。在康乃狄克州的新鎮（Newtown）發生二十名小學生遭到槍殺的悲劇，隔天福克斯新聞台的主管下令他們的製作人，禁止在節目中提到任何關於槍枝管制的事。[12]福克斯高層要求新聞傾向保守派的做法實際上眾所皆知，[13]而這勢必會影響新聞內容。二〇一三年的一項研究發現，福克斯新聞的訂戶有六九%質疑氣候變遷，相較之下《洛杉磯時報》的讀者是二九%，而《華盛頓郵報》是一七%。[14]另一項研究發現，在福克斯新聞網的報導中，有六八%僅是反映個人意見，而CNN僅佔四%。[15]在沒有明顯劃分新聞和政黨意見的情況下，不難理解何以福克斯新聞台的忠實觀眾會相信和傳播一些他們所獲得的錯誤訊息，想來這也是情有可原。事實上，二〇一一年的一項研究發現，福克斯新聞台的觀眾比起那些沒有看任何新聞節目的觀眾還要無知。[16]

近年來，柯培爾自詡要打擊這種充滿黨派色彩的媒體，無論是左派還是右派，他認為這對我們的民主是一種危險。有點諷刺的是，他在一九八〇年代主持的《夜線》，也是採訪性新聞節目可以獲利的一個早期範例，不過，柯培爾覺得現在發展得太超過了：

> 在我看來，福克斯新聞台和MSNBC取得商業成功是無黨無派報導的悲傷源頭。雖然我可以理解這當中的財務邏輯，他們想以大量符合自身想法的意見來吸引大批電視觀眾，但這種趨勢對共和體制來說並不好……或許，從合理的角度來看，絕對的客觀是達不到的，但福克斯新聞台和MSNBC甚至連試都不想再試。他們呈現給我們的不是世界的樣貌，而是在政治光譜兩端的黨人（和他們忠誠的觀眾）所希望看到的。這樣

的新聞在設下知名的「龐氏騙局」的前任納斯達克主席伯納・麥道夫（Bernie Madoff）的眼中，應當是項投資：他告訴客戶他們想要聽的，等到他們得知真相時，他們的錢早就沒了。[17]

自從川普參選以來，柯培爾更是緊盯著福克斯。在最近接受福克斯新聞台的西恩・漢尼提（Sean Hannity）採訪時，兩人有了下面的對談：

漢尼提：我們必須要相信美國大眾，相信他們的聰明才智，相信他們知道政論節目和新聞節目是不同的。你太憤世嫉俗了。

柯培爾：我是很憤世嫉俗。

漢尼提：你覺得我們這樣做對美國不好嗎？你覺得我對美國不好嗎？

柯培爾：是的……從長遠的角度來看，我認為你和所有這些政論節目——

漢尼提：真的嗎？那真是太令人難過了，泰德。那真的很悲哀。

柯培爾：並不會，你知道為什麼嗎？因為你非常擅長做這份工作，而且因為你吸引了一定數量的有影響力的人——

漢尼提：你這樣講是在放空美國人。

柯培爾：不，讓我先講完成這句話，你再評論。

漢尼提：我在聽。帶著對您應有的尊重。請說。

柯培爾：你吸引到那些一心相信意識形態比事實更重要的人。[18]

有些人很樂意將福克斯新聞台播報的一切視為「假新聞」（fake news）的始祖。（一般不用花太長時間，就會聽到一些能言善辯的人對這電視台的批評，講出一下子就能讓人心領神會的笑話，說Fox News這個新聞台的真正名字應該是Faux News（假新聞台）。「假新聞」的問題以及其與後真相現象的關係，是一個非常大的主題，我們將在下一章討論。我之所以在這邊提起，只是因為一些評論人士聲稱「假新聞」不是從福克斯開始的，而是來自諷刺漫畫。

在二〇一四年的一份皮優（Pew）調查中，要求美國人列出他們心中「最值得信賴的」新聞來源，可想而知這當然隨政黨而異。在自我認定是保守派的人士中，福克斯新聞以四四%領先。而在自由派中，二四%的人認為是網路廣播新聞，然後是公共電視、CNN，和喬恩・斯圖爾特（Jon Stewart）的《每日秀》（*The Daily Show*），這三者比例差不多，因此並列第二。[19]但是，《每日秀》可是喜劇節目。斯圖爾特於二〇一五年從《每日秀》的「主播」退休前，他本人曾說過，他報導的是「搞笑新聞」。他的工作是讓大家發笑，而不是挖掘事實。不過在他主持期間，許多年輕人確實是從他的表演節目得知新聞，這讓那些「真實」新聞嚴正表達其關注，斯圖爾特則辯解：「如果你來找我是因為我提出的新聞問題不夠嚴肅，那我們就有麻煩了，老兄。」[20]

還是有人不願就這樣輕易放過斯圖爾特，或是《紐約客》的安迪．波洛維茲（Andy Borowitz）與《洋蔥》（*The Onion*）等諷刺專欄。最近在《洛杉磯時報》刊登一篇社論，標題是「左派也有後真相問題：喜劇」（The Left Has a Post-Truth Problem Too: It's Called Comedy）。史蒂芬．馬奇（Stephen Marche）認為：「後真相狀態，也就是讓川普主義蓬勃發展的條件，其實根源於左翼的諷刺。《時代》雜誌在二〇〇九年的一項民意調查顯示，《每日秀》的斯圖爾特是最值得信賴的新聞主播。」[21]但我認為這樣的說法並不公允。政治嘲諷的歷史由來已久，是用來反襯那些政客的謊言和廢話，他們試圖讓我們相信這就是真相。因此政治嘲諷的原意並不是要呈現什麼真實的東西，而這正是重點所在。他們是以嘲諷現實來突顯真實生活中的荒謬。如果有人把政治嘲諷當真，就失去這個重點。諷刺的意圖不是欺騙，而是指出荒謬之處。正如馬奇在他的演出中所說的：「從某種意義上來看……政治諷刺是站在假新聞的對立面。諷刺作家撕掉新聞的假面，揭示他們認為真實的東西。假新聞網站以新聞之名傳播他們知道是虛假的內容。」[22]然而，馬奇認為，儘管他們的意圖不同，卻造成一樣的結果：「政治諷刺作家及其觀眾將新聞變成一則笑話。無論所講的政治內容為何，都為美國政治論述進入後真相狀態，做出推波助瀾的貢獻。」[23]

這種看法對政治諷刺來說似乎是沉重負擔，讓他們難以動彈。但正如漢尼提對福克斯新聞台的辯護：「我們必須要相信美國大眾，相信他們的聰明才智，相信他們知道政論節目和新聞節目之間是有差別的。」**傳達訊息的人要對其在粉絲社群中創造出的錯誤印象負責嗎？還是說，只有那些打算誤導人相信某些假象的人才應當承擔責任？**但要是說故事的方式確實促成錯誤觀念的產生呢？把責任全推給觀眾能減輕產生這種偏差的罪惡感嗎？

媒體立場的問題

前面已經討論過，隨著政黨色彩鮮明的節目興起，傳統媒體難以競爭，日趨式微。不過，我在這裡想要探討的是，媒體對節目品質和新聞報導價值的要求，是否也跟著衰退。

隨著一九九六年有線電視「新聞」節目興起，許多傳統媒體開始緊張，他們不想與此混淆。因此，CNN的電視網路和「權威媒體」等各大報，都紛紛強調其「客觀性」，以此來和那些節目區分。福克斯新聞台喊出「公平和平衡」報導的口號，肯定是為了嘲笑這些傳統新聞媒體。這並不是在說，福克斯可能自認要更加平衡地來報導；恰恰相反，他們是想要以自身來平衡整個局面。既然其他媒體都太過偏左，他們決定往右一點，以此來取得兩面平衡。但由於傳統媒體根本不接受自身有向左傾的想法，因此他們決心展現出能夠做到真正的「公正和平衡」的報導，所以他們開始報導所有爭議的「兩面」。

諷刺的是，此舉非但沒有增加新聞的客觀性，反而損及傳統媒體提供確切新聞報導的承諾。在各黨派急欲傳達他們說法的環境中，提供他們一個平台並不能維持新聞誠信的最高標準（其中最重要的應當是說真相）。然而，事情就是這樣發生了。一心想求得客觀性，讓他們決定給予雙方「相同的時間」，還自發地報導「故事的兩面」，即使報導的是個非黑即白的事實問題。在談論觀點不一的話題時，這種做法可能是合理的，甚至值得嘉許，但這在科學研究的報導上，卻成了一場災難。**以「相同時間」來報導一項議題的兩個面向，媒體僅創造出「假平衡」，因為這時並沒有真正的兩面，並沒有兩個可信的來源**。

第二章曾提過，科學否認陣營是如何利用新聞媒體力求客觀這一點。現在他們不再需要買下整版廣告來宣傳其主張，他們只需要去霸凌媒體，讓他們相信在這些科學主題中還有「其他研究」的存在，但他們卻沒有加以報導，而這一定是因為記者的立場偏差。記者就此陷入這個圈套，在報導氣候變遷和疫苗議題時開始呈現這個「爭議性」議題的兩個面向，即使這些爭議只是由那些和這議題有金錢或政治利害關係的人所製造出來的。後果就是一般大眾對此感到徹底迷惘，陷入這個媒體促成的造謠活動。

一九八八年，那時氣候變遷還沒有變成政治問題，老布希總統（George H. W. Bush）承諾要以「白宮效應」來打擊「溫室效應」。[24]然而在接下來的幾年間，全球暖化成了黨派議題。石油公司開始進行自己的「研究」，並且希望媒體報導他們的研究。同時又提供資金給政府官員，進行遊說活動。我們現在明白這一切僅是要「製造懷疑」，企圖淹蓋一項事實，即全球的氣候科學家幾乎都同意氣候變遷已然發生，而且是人類活動造成的。但這牽涉到太多利益，不能完全把這問題交由科學家解決。只要還有「懷疑者」，媒體就自認有責任要將氣候變遷報導成一個具有爭議性的議題。

詹姆斯·漢森（James Hansen）在早期就曾警告會發生氣候變遷。一九八八年，他前去美國國會作證，最後讓美國參議院通過兩項法案。身為美國太空總署哥達太空研究所（Goddard Institute for Space Studies）的前所長，他是這領域享譽全球的專家。然而在面對媒體關於事實主題的「客觀性」前，他的第一手資料卻遭受到侮辱：

我過去都會將責任歸咎在一方，直到我去上公共電視，製片告訴我，這節目「必須」要納入一位「反方人士」，他會對全球暖化的主張提出質疑。他告訴我，在商業電視台以及廣播電台和報紙上多半都是這樣做的。公共電視的支持者或廣告商，基於自身特定利益而要求要「平衡」報導，這樣他們才願意繼續提供財務支持。美國前副總統高爾在他的書中提到，近來在報上的氣候變遷報導，有一半以上都會呈現相同份量的反方觀點，但是在那些經過同行審查的科學期刊上，幾乎沒有科學論文曾質疑過這一點，早已達成共識，確定是人類活動排放的溫室氣體導致全球暖化。電視節目即使是在科學證據明確的情況下，依舊安排抱持反方觀點的人士出場，這擺明是在雞蛋裡挑骨頭，同時也讓公眾產生錯誤印象，以為氣候變遷的發生和原因，仍然存在很大的科學不確定性。25

漢森的遭遇也不是特例。一夜之間，公眾會在電視「辯論」節目以雙畫面來呈現科學家和「懷疑論者」這兩方。主持人會給他們大致相同的時間來談論，然後說明這個議題是「有爭議性的」。有一段時間，大部分的電視新聞節目似乎都在仿效福克斯新聞喊出的口號：「新聞我們報，真相由您決定」。

當然，公眾會對此感到困惑。目前對氣候變遷的發生還存在科學爭議嗎？如果沒有的話，為什麼電視會煞有介事地這樣呈現？媒體可能會告訴自己，在「黨派」問題上選邊站不是他們的職責，但勢必會有一些研究告訴他們，科學界對此並沒有分歧的意見，以這樣的方式來報導相當於是新聞業的「執業失當」（malpractice）。客觀報導的目標不是在真相和謬誤之間給予相等的時間，而是要便利觀眾尋找真相。科學家已經對氣候變遷達成共識，剩下的唯一「爭議」僅是政治爭議，是由石油公司與輕信他們謊言的人所挑起。最後的結果就是讓大眾相信這議題還有科學爭議，即使實際上根本沒有，就像是四十年前在爭論吸菸與癌症的關聯一樣。

誰又能責怪視聽大眾呢？這是他們在新聞中看到的！現在，媒體放棄他們「說真相」的職責，改去「掩蓋他們捅出的紕漏」，展現他們立場中立、沒有偏見，而正好讓那些有心人士有機可趁，以他們虛假的懷疑論來混淆視聽。但為什麼媒體會輕易地任他們擺布？在某種程度上，這可能是肇因於報導惰性。正如一位評論家所言：

> 客觀性為惰性報導提供藉口。要是快截稿了，而你手邊只有「故事的兩面」，那通常就足夠了。這並不是在說列出正反兩邊的論點對讀者毫無價值，但是在這類新聞中，經常因為我們對「最新」的執著，反而不去追查這則新聞，不去深入理解當中的是非黑白。[26]

而這可能產生可怕的後果，因為如果提供這樣的謬誤反陳述，就等於是允許那些別有企圖的動機推理在此紮根。玩弄騙術的政客濫用媒體，而媒體則誤導他們的觀眾。不過這問題還有另一個角度：利潤。在競爭日益激烈的媒體環境，電視台可能一直在尋找這類具有某種戲劇成分的「新聞」。若說川普在他那本《交易的藝術》（*The Art of the Deal*）有說對什麼事情的話，那就是媒體熱愛爭議更勝於真相。[27]要如何證明這樣的指控是真有其事呢？還是只碰巧在一公認的複雜議題上出現的異常？證據就是這一再發生，在疫苗和自閉症爭議事件中，也曾以一九九八年安卓・韋克菲爾德（Andrew Wakefield）假造的研究來宣稱，接種疫苗和罹患自閉症之間有所關聯。

此處的戲劇情節甚至更多。有病童和他們悲傷的父母，連好萊塢名人都站出來喊話。這也許是一項陰謀，是政府企圖掩蓋。再一次，媒體在新聞中完全沒有根據證據來報導最有可能的結論：韋克菲爾德的研究幾乎可以肯定是假造的。他那時沒有公開一個非常大的利益衝突，他的研究無法複製，而且他的醫療執照早已被撤銷。在二〇〇四年這一切都是公開的事實，那時是疫苗和自閉症新聞炒得最沸沸揚揚的時期。後來，有確切的消息指出，韋克菲爾德的研究是假造的，僅是一樁惡作劇，但損害已經造成。多年來電視以切割畫面呈現辯論形態的節目造成了影響。疫苗接種率曾經急劇下降，導致原本幾乎根除的痲疹日後在十四個州爆發，一共造成八十四起感染。[28]

若你認為平面媒體在這些事件中可以置身事外不用負責，那你就錯了。在「平衡就是一種偏差：全球暖化和美國主流媒體」這份二〇〇四年的研究報告中，馬克斯韋爾・波伊考夫（Maxwell Boykoff）和朱爾斯・波伊考夫（Jules Boykoff）發現「平衡報導」的規範造成《紐約時報》、《華盛頓郵報》、《洛杉磯時報》和《華爾街日報》嚴重誤導公眾對氣候變遷的看法。[29]這裡的問題不是媒體的政治偏差，而是研究員所謂的資訊偏差（information bias），這是指記者依循固定的採訪和報導模式來製作新聞，造成報導偏離真相。總之：「（資訊）偏差造成權威報社的全球暖化報導，與科學界的普遍共識產生分歧。」[30]但這是怎麼發生的？何以秉持客觀、公正、準確、平衡等新聞價值的媒體，竟然會讓人與真相越來越遠？答案是因為他們服膺於「平衡報導」的壓力，記者為此納入黨派人士提供的資訊，而這有可能將他們推離真相。這形成一股「否定論述」（denial discourse），賦予邊緣觀點過多的可信度：「平衡報導讓一群質疑全球暖化的懷疑論者，能夠放大他們的觀點。」[31]這裡的問題其實很簡單。如果食譜中有一樣腐爛的成分，整道菜就會充滿腐爛的味道。

> 平衡旨在保持中立。這需要記者針對任何重大爭議的衝突提出合格的發言人的觀點，並且提供雙方大致相同的關注。[32]

但這裡埋藏有一危機，因為平衡報導往往替代事實檢查：一般的記者，甚至是受過科學訓練的記者，既沒有時間也沒有足夠的專業知識來檢查這些主張的真偽虛實。[33] 這種情況讓意識形態「專家」有機可趁，他們的利益與一則科學議題在報導中的呈現方式密切相關。

這情況是否發生在全球暖化的報導上？確實如此，而這應當也在意料之中。還記得一九九八年美國石油協會（American Petroleum Institute）召開的那場會議嗎？後來外流的策略備忘錄顯示，石油公司招募的那些「獨立科學家」都有拿到回扣。兩位波伊考夫明確提到美國石油協會的媒體策略奏效，成功營造出在氣候變遷的報導上媒體有其立場：

美國的那些權威報社，在多數報導中，都採用平衡報導的方式；這些報紙給予「大致相同的關注」在兩種觀點的報導上，一是人類促成全球暖化，另一種觀點則認為，地球的溫度升高可以用自然的週期波動來解釋。[34]

正如電視台記者所遭遇到的，平面媒體記者也被他們耍得團團轉。

後真相的含義

如今，傳統新聞價值觀的守護者處於一種沒有贏面的局面。他們一方面眼睜睜看著那些以意見為主，有時甚至是未經編輯的內容廣受世人歡迎，侵蝕自己的市場，一方面在努力揭露真相之餘還要受到其報導是否偏差的檢驗。若是他們稱總統為騙子（即使他真的在撒謊），也會遭到批評。若是他們無視「懷疑者」對科學辯論的看法，就會遭到指責，說他們只報導故事的一面。難怪主流新聞和電視網有些人會希望回到「過去的好日子」，那時新聞價值受到支持，而且他們的專業獲得敬重。[35]

但他們得到的僅是猛烈的批評。川普稱所有不合他意的媒體報導為「假新聞」。在他的競選集會上，他稱媒體「是地球上最不誠實的一批人」。[36]而這樣的講法正在發酵。最新的蓋洛普民調，美國人對大眾媒體的信任掉到新低，從一九七六年的水門事件危機和越戰的七二％，到現在已經降到三二％。[37]

這只是往後真相邁進的另一步。由於現在的新聞觀眾很多都已經有自己的立場，傳統和替代媒體之間的界線因此變得模糊，而且現在許多人寧可從那些並不特別看重真相的來源獲取新聞。

實際上，許多人甚至分不出來哪些消息來源是有偏差。如果相信所有的媒體都是有偏差，也許根據自己的偏好來選擇新聞來源也不會造成多大的差異。從大選以來，那些曾提供種種來量測各種媒體可靠性的人都遭到人身威脅。[38]

社群媒體的興起，當然促進這種完全免費的資訊流通。事實和意見現在於網路上併陳，誰能判斷該相信什麼？在沒有人過濾和審查的情況下，這個時代的讀者和觀眾隨時都暴露在源源不斷的黨派內容中。再加上主流媒體的聲響沒落，那些想要宣傳的人再也不用擔心要如何讓別人來報導他們的陣營了。現在他們有自己的媒體渠道。

要是這失敗了，還有推特（Twitter）。如果媒體是敵人，川普還可以直接向人民傳達他的訊息。當民眾可以直接聽到美國總統傳來的訊息時，誰還需要查核事實？

走到這一步，已經構成對現實的挑戰。

第五章
社群媒體興起與假新聞問題

不要相信在網路上讀到的一切。

——托馬斯·傑佛遜（Thomas Jefferson）

傳統媒體之所以衰落，有很大一部分原因是來自於網路，這點毫不讓人意外。美國的報紙銷售量在一九八四年達到高峰，[1]然後因為有線電視的競爭才開始緩步下滑，不過一直要到一九九〇年代網際網路普及開來，局面才真正開始動搖。二〇〇八年金融危機發生時，許多報紙開始陷入自我縮減的循環：收入下降、裁員、產品萎縮，然後是訂戶持續流失。

分析家近年來提出警告，報紙持續減少銷售量等於是請讀者不要再買報紙。大多數報紙都大幅縮水，不僅版面變小，報導篇數變少，就連編輯室的工作人員也越來越少。高盛（Goldman

Sachs）分析師彼得・阿佩特（Peter Appert）說：「在我看來，大幅削減成本勢必會影響編輯品質。我無法證明新聞品質是推動銷售量的原因，但是如果我是報紙業者，肯定會為此徹夜難眠。」[2]

二〇一六年皮優研究中心發表最新版的「新聞媒體狀況」報告，他們詳盡描述這整個惡夢：

> 對於報紙而言，二〇一五年可能也是衰退的一年。週間銷售量下降七％，週日銷售量下降四％，兩者均顯示出自二〇一〇年以來的最大降幅。與此同時，廣告收益也創下二〇〇九年以來的新低，在二〇一四到一五年間下降近八％……根據目前能獲得最新的數據，在二〇一四這一年，報社編輯部人力也下降一〇％，比自二〇〇九年以來的任何一年都低。在過去二十年來，報業的人力裁減約兩萬個職位，差不多是三九％。[3]

在同一時期，廣播和有線電視網也經歷另一種形式的衰落。在上一章提到，早在一九九〇年代媒體就開始放棄實事求是的調查型報導，而改走呈現權威人士觀點的路線。當時電視台（以及報社）早已裁減或關閉他們的外國新聞機構多年，改以報導低成本的國內新聞。[4]到二〇一五年為止，這似乎是個相當有先見之明的決定，至少從財務和評級的角度來看確實如此，況且這一二十年來全球最大的新聞的確就發生在美國本土。

說二〇一六年的總統大選對電視網來說是一大福音，還太過輕描淡寫。電視台的收視觀眾人數激增，利潤滾滾而來。CNN公布其二〇一六年的毛利是十億美元，是該公司史上最好的一年。[5]福克斯電視台（本來就是美國最賺錢的有線電視網）預計賺進十六點七億美元。[6]視聽大眾日日夜夜都想看到更多關於選舉的報導。「與去年同期相比，福克斯的日間收視率增長六〇%，CNN增長七五%，而MSNBC更是暴增八三%。」[7]他們是如何吸引觀眾？在很大程度上，就是播放他們想要看的，而那就是不斷地報導川普的新聞。當然，福克斯新聞台早已欣然向川普輸誠，有些人已經認為他們的報導基本上就是在幫共和黨造勢。[8]但就連CNN也現場直播川普的造勢大會，而且對當中內容毫無查核或加以評論。根據一些估計，在二〇一六年大選期間，有線電視新聞網等於為川普提供近五十億美元的免費宣傳。[9]不過，這樣做當然符合他們的自身利益。川普是隻金雞母，就算他因為報導而獲利，那些電視網也同樣受益。問題在於他們難道會因此而忘了自己的責任，不去檢查一些川普的謊言？許多人認為確實如此，因為幾乎沒有電視網是以報導真相的高標準來對待大選的報導，反而是採用他們之前處理科學問題的「假平衡」策略，將川普和希拉蕊的支持者納入他們的專家小組。這個決定影響程度之大，甚至讓人說是CNN幫川普選上總統。[10]CNN的董事長傑夫・扎克（Jeff Zucker）當然沒有這樣想，但就連他也坦承：「若說我們去年犯了什麼錯誤，就是可能在選前幾個月拍攝過多他（川普）的造勢大會，並將其播放。」[11]而在那些造勢大會上，川普動不動就侮辱媒體。他把他們安排在圍欄內，而且禁止他們對他演講期間的群眾畫面進行任何剪接。他是怎麼讓媒體乖乖就範？各家新聞網必須同意他的條件，才能分享川普這塊大餅。面對自身難保的報紙，以及出於自身利益的電視新聞，為此而感到惱怒的大眾要去哪裡宣洩這股挫敗感，或是從信任的人那裡得到最新最夯的消息？只能直接去社群網站。

臉書於二〇〇四年創建時，僅是一個社交網站，讓用戶與現有的朋友聯繫並結識新朋友。他們可以分享想法，參加他們感興趣的線上社群。隨著發展，臉書逐漸成為新聞聚合器。這不僅是因為大家會在自己的頁面上分享新聞故事，也是因為在頁面右欄有臉書策劃（和編輯）的「動態消息」。這是根據用戶按「讚」次數來挑選，因此這些消息是針對個人挑選的，會顯示我們比較希望看到的消息。當然會有其他公司想要一起加入，不僅是讓用戶看到各種資訊內容，還想成為一個擷取其他報導來源的新聞替代網絡。於是二〇〇五年 You-Tube 成立了，二〇〇六年則是推特。

在社群媒體逐漸成為一種新聞來源的同時，新聞與輿論之間的界限又變得更加模糊，因為大家會煞有介事地分享在部落格、替代新聞網站，或來源不明的地方看到的文章，就像分享真的新聞一樣。在二〇一六年美國大選期間，隨著選戰加溫，社群媒體上出現越來越多支持特定黨派的內容，與時下這股科技促成的動機推理氛圍不謀而合。現在只要點擊一下，就可以看到想看的「新聞」（不論是否經過事實查核），不再需要去主流媒體那邊看一些不太有趣的實況報導。網民在不自知的情況下直接滿足他們確認偏差的欲望（更不用說，還可以為一些免費新聞的內容評分），也省下一筆訂閱傳統新聞的費用。若是可以從朋友那裡獲得自己感興趣的新聞，還可以得知他們的想法，為什麼還要花錢訂報紙呢？「權威報紙」對此股浪潮根本毫無招架之力。

在皮優最近進行的一次民意調查中，有六二％的美國成年人表示他們是從社群媒體那裡獲知新聞，而當中有七一％是來自臉書。這意味著，如今在美國成年人族群中，有四四％是在臉書上看新聞。[12]這樣的數據反映著新聞內容的來源（和構成）發生了翻天覆地的變化。隨著查核和編輯的減少，要如何確定新聞報導的可靠性？儘管傳統新聞產業仍然存在，但要分辨哪些文章是實事求是、有確切來源，卻變得日益困難。當然，有些人就是只喜歡閱讀（並相信）呼應他們自己觀點的新聞而已。

這樣的結果就是形成大家熟知的新聞孤島，即視聽大眾僅獲得極端和片段的媒體內容。[13]當我們的新聞來源是社群媒體，就可以刪除那些不喜歡的新聞來源，就像刪除政治觀點不同的網友一樣。現在我們看到的新聞的可靠性取決於臉友的查核，而臉書的演算法則會根據我們「按讚」

的次數來決定我們會看到哪些新聞。**這樣想來其實很諷刺，原本為了讓人隨時查閱可靠資訊的網路，現在對某些人來說，只是一個應和自己的迴聲室**。這是多麼危險。少了編輯的把關，在面對那些現在有時稱為「新聞」的內容時，要怎麼知道我們沒有受到操弄？

我還記得大約是在七歲時，和母親一起去附近的超市。站在收銀台前排隊時，我從一旁的報紙上看到一些聳人聽聞的頭條新聞，我指給我媽媽看，她說：「哦！那是垃圾。那是《國家詢問報》（*National Enquirer*）。他們滿紙謊言。你別相信上面寫的。」然後，我們展開認真的對談，討論她怎麼會知道上面印的都是假的，要是她從來都沒讀過上面的報導，以及何以報紙會印出明知是假的報導。時至今日，在超市的收銀台那邊還是看得到《國家詢問報》，所以現在我想請你做一個二十一世紀的思想實驗。假設你帶了一份《國家詢問報》和《紐約時報》回家，用剪刀把文章剪下來，並列拼貼，然後掃描成電子格式，再將兩份報紙修正成一樣的字體，讓人無法一眼看出差別。這樣一來，你有可能立即判斷出哪則報導是真有其事嗎？而這就是今日在臉書、谷歌（Google）和雅虎（Yahoo）等新聞聚合網站上呈現新聞的方式。你可能會說，還可以去看這則新聞的出處，但是你真的知道哪些來源是可靠的嗎？如果看到的是《紐約時報》，也許會比較願意信任它。但如果是「資訊戰」（InfoWars）網站呢？要是來自保守派出資的新聞平台Newsmax呢？或是刻意模仿ＡＢＣ新聞網的假新聞網站ABCNews.com.co？

如今，「新聞」來源不可勝數，幾乎不可能分辨出哪些是可靠的，哪些沒有經過仔細查核。然後這又衍生出另一個問題，有些消息來源以巧妙的偽裝讓自身看起來煞有介事。好比說ABCNews.com.co，這可不是ＡＢＣ新聞的分支。但是當網站將這些經過傳統查核與事實核對的新聞，和那些充滿謊言和政治宣傳的文章同時並列時，誰還能分得清楚哪邊是真？哪邊是假？這的確讓那些有意利用我們的無知和認知偏差的人有機可趁。

假新聞的歷史

假新聞並不是從二〇一六年的美國總統大選開始的，更不是社群媒體的發明。事實上，有些人認為假新聞是與「新聞」這個概念一起出現。

自一四三九年約翰斯．古騰堡（Johannes Gutenberg）發明印刷術以來，假新聞便與新聞一同誕生，並且開始廣泛傳播開來。在那個時代很難驗證什麼是「真」新聞。新聞的來源很多，從政治和宗教組織發行的官方出版物到水手與商人的目擊陳述都有，況且那個時代也還沒有新聞道德或客觀性的概念。尋找事實的讀者必須密切注意……（假新聞）的存在……實際上比經過查證的「客觀」新聞要久遠得多，整整早出現一個多世紀。[14]

假新聞世代流傳，即使是在科學革命和啟蒙運動的時代也是如此。在法國大革命前夕，巴黎街頭出現許多小冊，指稱政府即將破產。這些是由政治的反對派釋放出來的，他們以不同的版本來攻擊不同的人。到後來等到有足夠的資訊流出，大家才開始了解真實情況。「但是，就像今天一樣，讀者必須抱持懷疑精神而且還要懂得明辨事理、區分是非。」[15]在美國獨立戰爭期間，英美兩國都有假新聞傳出。其中一則還是取材自班哲明．富蘭克林（Benjamin Franklin）寫的小說故事，說有些「剝頭皮」的印地安人加入英國國王喬治的陣線。[16]

在那之後，假新聞還是繼續在美國與世界各地流傳，但最後「客觀」標準開始出現。麥克．舒德森（Michael Schudson）在他那本洞見觀瞻清楚分析的《發現新聞：美國報紙的社會史》（*Discovering the News: A Social History of American Newspapers*）指出：

> 在一八三〇年代之前，客觀不是一個問題。美國報紙本來就是用來表現黨派觀點，而不是中立觀點。實際上，沒有人期待他們看到的報導如同我們今日所認知的「新聞」。「新聞」這個概念是在安卓．傑克森（Andrew Jackson）時代才發明的。[17]

在傑克森時代到底發生什麼事，才會催生出要客觀報導的想法，呈現無黨無派、實事求是的新聞？

這與美國第一家電訊公司美聯社（Associated Press）的興起有關。在一八四〇年代發明電報後，傳播消息的速度變快，於是一批紐約報社在一八四八年組成美聯社。由於美聯社是為不同報社收集新聞，而他們各自的政治立場不同，因此美聯社會竭盡所能地「客觀」報導，好讓所有成員和客戶都能接受。到十九世紀後期，與大多數報紙的報導相比，美聯社的電訊明顯少了編輯的評論色彩。因此，有人認為，美聯社的做法成為理想的新聞模範。[18]

但這並不意味著假新聞消失了，也不是說有哪一家報紙變得更為「客觀」。美聯社提供給這些報社的也許是沒有黨派立場的原始材料，但各家報社還是按照自己的風格各行其是，大作文章。

> 客觀報導並沒有隨著美聯社的壯大而成為主流，也沒有在十九世紀後期的新聞業中成為規範或標準作業方式……在世紀之交，各大報強調的是在報導新聞時也要寫一篇好故事。報紙內容主要發展出的就是各種聳動的形態。[19]

那是黃色新聞（yellow journalism）的時代，當時諸如威廉．赫斯特（William R. Hearst）和約瑟夫．普利茲（Joseph Pulitzer）這類媒體大亨會以報紙銷售量相互較勁。如今已沒有人確定「黃色新聞」一詞在一八九〇年代是怎麼出現的，但後來就順勢將其理解為了吸引讀者而以羶色為主的新聞報導，而不是報導真相。[20]當時的不實報導情況演變得有多糟？遭到引發一場戰爭，一場真正的戰爭：「要是赫斯特沒有在紐約新聞界引發一場報業銷售量的激烈競爭，就不會發生那場美西戰爭。」[21]更可怕的是，這場戰爭似乎不是因為媒體無意間的疏忽促成的，而是為了增加銷售量刻意去激化出來：

在一八九〇年代，威廉．赫斯特等富豪和他的《晨報》（*Morning Journal*）以誇張的手法來引發美西戰爭。赫斯特在哈瓦納的通訊記者表示不會發生戰爭時，赫斯特……留下了他著名的答覆：「你提供圖片，我提供戰爭。」於是赫斯特發表古巴官員對美國女性進行脫衣搜身的假照片，最後促成他想要的這場戰爭。[22]

當時的局面就是這樣糟糕，而赫斯特也不是唯一的罪人，他的報導更不是引發西班牙和美國這場戰爭的唯一黃色新聞。

一八九八年，美國海軍戰艦「緬因號」（USS Maine）在古巴哈瓦納附近爆炸，造成二百五十多名美軍死亡。原因一直不明。但是，黃色媒體妄下定論，表示這是西班牙人造成的。「緬懷緬因號」成了黃色媒體的口號，推動輿論走向戰爭。[23]

不過就是在這股黃色新聞熱潮的高峰期，媒體開始醞釀客觀報導的想法：

一八九六年，在黃色新聞事業最招搖的日子，《紐約時報》開始強調以「資訊」模式，而非「故事」模式來報導新聞，漸漸奠定在報業的龍頭地位。美聯社之所以提供實事求是的新聞純粹是為了要吸引政治立場各異的客戶，而《紐約時報》提供資訊，則是為了吸引一批相對具有選擇性、社會同質性高的富人讀者群。[24]

在新聞這段顯然有些顛簸的發展過程中，逐漸建立起新聞學中的客觀性概念，累積到今天，讓現在的我們似乎忘了過去曾有過那樣一段混亂的時期，早已為今日的媒體所寵慣，覺得媒體理所當然要客觀報導新聞。

> 直到網路新聞興起，我們這個時代的新聞觀念才受到嚴重挑戰，假新聞再次成為一股強大的力量。甚至可以說，網路新聞讓黃色新聞起死回生，再度盛行。[25]

但是，讓我們先退一步想想。就某方面來說，客觀性和無黨派的中立報導難道不是我們對新聞的期待？**縱觀歷史，我們會發現，有權勢之人總是會讓「小人物」相信他們希望自己所相信的（而且通常有一套方法），以便從中獲利。**毫不意外，在印刷文字變得便宜，能夠與其他資訊來源競爭前，國王（或是可以控制貨幣和政治的人）真的是可以「創造自己的現實」。[26]這就是為什麼說媒體自由是一種革命性（而且是相當晚近的）概念，即使這當中受到假新聞汙染。但是，為什麼我們會認為媒體自由得來輕而易舉，或是說，不需要特別努力去爭取真相？正如之前所提，在新聞媒體的大半歷史中早就具有派系色彩。摺頁小冊都是政治宣傳。報紙的老闆有其商業利益考量和其他立場。這一點真的有改變過嗎？然而今日的我們卻覺得有權利讀到客觀報導，而且在發現新聞來源不客觀時，會感到震驚不已。而我們一直以來僅以一美元來支持這樣的期待，希望看到實事求是、無黨無派的報導？在這場大選喚醒我們之前，真的有人密切關注過媒體正在失去其固有的特性？把這一切推給技術進步，並聲稱「如今時代不同了」是很容易的。但是，技術在假新聞的產生中本來就一直扮演著一個角色。印刷術和電報讓我們對新聞有了不同的期待，但也對我們自身產生影響。網路讓取得新聞變得容易（和便宜），也讓我們變得懶惰。我們自覺有知的權利，但這也削弱我們的批判思考力。這難道不是一股助長假新聞捲土重來的力量嗎？目前的環境確實造就出滋養假新聞的良好環境。

今日的假新聞

到目前為止，談了很多關於假新聞的歷史，但還沒有加以定義。到底什麼是假新聞？假新聞不僅是一則錯誤的消息，還有刻意造假的成分。[27]這是基於特定目的而創造出來的。在二〇一六年的選舉季開始時，或許製造假新聞的目的只是當作一種點擊誘餌（clickbait），以聳動的標題來吸引人點擊，這樣便能讓帳戶有幾美分的進帳，基本上，這就跟在收銀台附近的《國家詢問報》以「希拉蕊僅剩六個月生命！」這類標題來誘惑人把報紙放到購物車裡是一樣的。但隨後黑暗逐漸降臨。一些「假新聞」的製造者注意到，同樣都是正面報導，川普的新聞獲得的點擊次數比希拉蕊的來得多，而在負面報導中，希拉蕊的點擊率最高。猜猜看他們會增加哪些新聞的比重？就是在這樣的環境中，假新聞從點擊誘餌演變為不實報導。從賺取收益的工具轉化成政治操縱的手法。

在二〇一六年大選期間，有不少假新聞是來自巴爾幹半島和東歐的其他地方。二〇一六年十一月二十五日，《紐約時報》刊登一則標題為「深入假新聞製造廠：『這一切都是為了錢』」，[28]文中提到住在喬治亞首都提比利斯（Tbilisi）的窮苦大學生貝卡・拉特沙比茲（Beqa Latsabidze）的故事，他和兩個人分租一房間，想要靠谷歌廣告來賺錢。他說一開始他發布關於希拉蕊的正面報導，等著看看有沒有錢進帳，但是沒有什麼人氣，於是他改寫川普的報導，結果發現自己找到一座金礦。他說：「全都是川普……人們為之瘋狂。我的觀眾喜歡川普……我不想寫有關川普的壞話。如果我寫關於川普的假新聞，我會失去觀眾。」於是他加倍對希拉蕊的抨擊，並且說盡川普的好話，然後賺了數千美元。他最賺錢的那篇文章完全是虛構的，文中提到墨西哥政府宣布若是川普入主白宮，他們將關閉進入美國的邊界。當調查人員對拉特沙比茲施壓時，他說他這麼做完全沒有政治動機。他只是想賺錢。他還宣稱他沒想到竟然有人會把他寫的當真，他對此感到很不可思議。「沒有人真的相信墨西哥會關閉邊境。」事實上，他表示他根本不認為自己所寫的是「假新聞」，他覺得這只是「政治嘲諷」。[29]

現在，全美十七個情報單位都認為俄國政府在美國大選期間曾積極參與抹黑行動，因此像他這種裝無辜的說詞勢必會遭到質疑，認為其動機沒有這麼單純。目前已發現克里姆林宮曾駭進民主黨全國委員會的電腦，在當中尋找可用於操縱選舉的資訊，而且也確定大量有利川普的假新聞都源自於俄羅斯，並透過俄國衛星發送，就這些看來，去推測在抨擊希拉蕊的假新聞背後會有來自政界的金援（或至少是想法），真的很難嗎？？這些選舉黑客可能只對錢感興趣，但他們是為誰服務呢？何以遠在巴爾幹半島上的馬其頓王國的一個小鎮上，會成立超過一百個支持川普的網站。我們能夠相信這背後完全沒有人策劃，沒有什麼意識形態嗎？[30]

隨著假新聞傳播者飄洋過海，開始在美國本土出現，這問題一直揮之不去。在報導「假新聞製造廠」兩個月後，《紐約時報》又爆出另一則關於抹黑希拉蕊假新聞的內幕，他們發現剛從戴維森學院畢業的卡麥隆．哈里斯（Cameron Harris）是一篇假新聞的主謀，身為川普支持者的他在《基督教時報》網站上發布這篇堪稱是假新聞的「傑作」。他的標題是「在俄亥俄州的倉庫發現成千上萬張投給柯林頓的假票」[31]哈里斯先在網路上偷了一張英國票箱的照片，合成一個守衛上去，然後便在自己家裡編出整個故事，最後有六百萬人分享那篇文章！就像是喬治亞的那位黑客一樣，哈里斯聲稱，他唯一的動機就是錢。他在幾天內就賺了五千美元，不過他說在整起事件中最重要的是他學到另一件事。他說：「起初，我有點嚇到，竟然有人這麼輕易地就相信了。這幾乎像是個社會學實驗。」當新聞揭露這則假新聞完全是哈里斯編造的，他立刻遭到解雇，並表示他對所做的一切感到後悔，不過他也說「假新聞」其實是要靠寫手與讀者「雙方」共同製造。[32]

在推測動機時，一定要特別謹慎。聯邦調查局和國會對俄羅斯在二〇一六年總統大選期間的抹黑調查還在進行，目前還不確知他們和這些選舉黑客間的關係到底有多密切。[33]現在可以確定的似乎只有一件事，不論美國總統大選中大多數的假新聞製造者是否別有用心，或懷有特定的政治動機，他們的行為確實造成政治影響。有多少人在讀到希拉蕊的「假票事件報導」時信以為真，並且分享給其他尚未決定人選的選民？同樣地，在布萊巴特新聞網（Breitbart）和其他右派網站上又有多少猜測希拉蕊得腦瘤的文章意圖左右選情？這些就算不是假新聞，也至少有「誤導」之嫌，粗心報導或是刻意輕忽難道不會助長某種意識形態嗎？大選後，商人艾立克・塔克（Eric Tucker）在推特上貼一張在德州奧斯汀的公車照片，說他認為這些車是用來載送花錢請來反對川普的走路工，他並沒有為此賺到一毛錢，但他顯然幫助炒作這個無的放矢的新聞。他的那篇推文在推特上被分享了一萬六千次，在臉書上則是三十五萬次，最終傳到川普本人那裡，讓他在推特上發文說，現在媒體會煽動專業的抗議人士。[34]

正如之前提到的否定科學的例子，有人撒謊，也要有人聽信謊言，而這兩者都危及真相。氣候變遷的否認活動最初可能是因為石油業者的經濟利益，但很快地，這就成為一種可能引發災難的政治意識形態。同樣地，各種二〇一六年總統大選的假新聞最初可能只是為了衝高點擊率，但沒多久就成為一種政治抹黑武器。假新聞是故意以錯誤資訊來誤導他人，有時是為了爭名，有時是謀利。但無論是哪一種，所造成的後果都很可怕。在總統大選後不到一個月，有一名精神錯亂的男子走進華盛頓特區的一家披薩店，在那裡開了一槍，說他正在調查一則他讀到的新聞，當中提到柯林頓和希拉蕊在那裡從事兒童性奴隸買賣。這就是在社群媒體和另類右派網站上傳播假新聞造成的後果〔這整起事件最後以披薩門（#pizzagate）的標籤作結〕。[35]所幸，在這起意外中沒有人受傷。但是，假新聞有可能會造成真正的傷害嗎？根據趣聞網（Buzzfeed）這家網路新聞媒體公司的報告，在二〇一六年總統大選前三個月，臉書上分享次數排名前二十名的假新聞遠高於前二十篇真實報導。[36]這有可能扭轉選情，讓局勢變得對川普較為有利嗎？還是這可能導致更危險的結果，好比說一場核子戰爭？

「披薩門」事件幾週後，巴基斯坦國防部長揚言要對以色列進行核武報復，而這完全是因為這位部長讀到一則假新聞。在那篇報導中提到：「以色列國防部長表示，不論巴基斯坦基於何種原因派遣地面部隊到敘利亞，以色列都將發動核武攻擊，摧毀他們的國家。」[37]**如果美西戰爭是由假新聞引發的，那麼認為它再引發另一場戰爭也不算異想天開吧？**假新聞傳到哪裡才會停止呢？現在它們無處不在。如果你不相信，打開谷歌，鍵入「真的有發生過大屠殺嗎？」在二〇一六年十二月，收尋結果的第一條會帶你到一個新納粹網站。[38]美國大選的第二天，谷歌的「最終選舉結果」的頭條新聞也是則假新聞，當中有假造的數據，聲稱川普還贏得普選。[39]

落入兔子洞

在就任的第一年，川普一直在玩弄假新聞這個概念，以此達到自己的目的，凡是他不想相信的，全都貼上捏造的標籤。[40]二〇一七年一月，在就職典禮前的記者會上，川普拒絕接受CNN記者的提問，說他們報導假新聞。這是為什麼呢？這好像是因為CNN曾報導川普和歐巴馬都已聽取過一些未經證實的情報，是關於川普的性緋聞。CNN並沒有報導內容，也沒有說這些情報是真的。他們只是確實地報導川普和歐巴馬都聽取過相關簡報。但光是這樣就讓川普斥責他們報導「假新聞」。在之後的幾個月，川普表示媒體報導許多關於他的假新聞，從他白宮幕僚的勾心鬥角、他的民調下降，以及其他一連串其實經過多方查證的消息。這是多麼諷刺的一刻。難道現在光是連宣稱假新聞這件事本身都成了一種傳播假新聞的方法？

在這裡，得先記住一點：假新聞不僅只是傳達錯誤消息（或令人尷尬或難以面對的）新聞。如果指稱美國媒體在報導假新聞，那必定他們是有意為之，是刻意偽造新聞內容。這背後勢必有一意識形態在驅動，或是有其他動機。但要是沒有證據顯示美國新聞媒體懷有什麼特定陰謀，這樣的主張似乎很可笑。在這裡，我們應該先回到假新聞原本的定義，也就是說，這些都是刻意造假的。就像是撒謊。造假的目的是要讓人相信假話，即使言說者知道這不是事實。照這樣看來，有人可能會認為假新聞只是「宣傳」的同義詞。

傑森・史坦利（Jason Stanley）在他的《如何達到宣傳效果》（*How Propaganda Works*）一書中駁斥這一觀點，指出不應將宣傳與帶有偏差立場的溝通，甚至是操弄性的溝通混淆在一起。宣傳不一定是在誘使人相信不真實的事物，也不應該認為所有的宣傳都是誇大其詞、言不由衷。在史坦利的定義中，宣傳是種手段，是利用和強化有缺陷的意識形態。[41]若真是如此，那這意味著將假新聞比擬成宣傳可能比我們所想像的要來得複雜和危險，不管是用哪種比喻。因為，根據史坦利的說法，宣傳的目的不在於欺騙，而是嘗試去統治。

最近在國家公共廣播電台（NPR）訪問時，史坦利指出，宣傳的目標是建立忠誠的擁護者。[42]重點不在於資訊交流，而是要讓我們「選邊站」。[43]就川普用的一些經典宣傳技術（挑動情緒、詆毀抹黑、嫁禍、分化與假造）來看，史坦利提出警告，說我們可能正往專制獨裁的路走去。宣傳的目標並不是要說服別人你是對的，而是要證明你有超越真理／真相的權威。一個政治領導人的權力很大時，就可以無視現實。這聽起來可能很不可思議，但這並不是我們第一次聽到這樣的說法，甚至連在美國政治史上也不是第一次。還記得喬治・布希擔任總統時，他的白宮高級顧問卡爾・羅夫（Karl Rove）是怎樣駁斥評論者對政府的批評嗎？羅夫說布希政府是「現實社會」的一部分，隨後又做出一令人難忘（而且感到擔憂）的觀察：「我們現在是一個帝國，當我們行動時，便創造出自己的現實。」[44]

這些想法聽來讓人不寒而慄，讓人希望它們不可能成真。然而，史坦利指出，這種超越現實的威權統治實際上很受歡迎。說謊和輕易擺脫撒謊後果是走向政治控制的第一步。在此，史坦利重申美籍猶太裔政治理論家漢娜・鄂蘭（Hannah Arendt）的想法，她說：「說服群眾的不是事實，甚至也不是捏造的事實，而是公然蔑視。」在探討一個類似的主題時，鄂蘭曾指出：「最適合極權統治的人，不是信服的納粹，也不是忠貞的共產黨人，而是那些不再區分事實與虛構……辨別是非真假的人。」[45]

我們扯得有點遠了。不過即使不同意史丹利的觀點，並且認為假新聞不過就是為了賺錢而蓄意行騙（或許這會產生一些不幸的政治影響），也不能愚昧到忽略過去出現過的類似情況，歷史早就顯示過這類資訊控制會成為嚴重的政治威脅。希特勒的宣傳部長約瑟夫・戈培爾（Joseph Goebbels）是位善於操弄認知偏差的高手，非常善於操作來源失憶症（source amnesia）和重複效應（repetition effect）。戈培爾說：「當被操縱的人確信自己是按照自己的自由意志行事時，宣傳的效果最佳。」[46]欺騙、操弄和利用，這三項公認是創造獨裁政治秩序的好工具。

川普所採行的策略可能與此有所出入，但還是可從中找到一些相似點：

（一）迂迴地（「有人說」、「我只是重複在報紙上看到的」）提出一些令人難堪的問題，像是質疑歐巴馬不是在美國出生，或暗指歐巴馬曾授意監聽川普等。

（二）除了自己的信念外，不提供任何證據（因為沒有證據）。

（三）暗示不可盡信媒體的報導，因為他們都有偏見。

（四）這讓一些人懷疑媒體新聞的正確性（或至少將這議題解讀為有「爭議性的」）。

（五）一旦出現這種不確定性，人們通常會選擇符合其先入之見的觀點，因此更會落入固有的意識形態，沉迷於確認偏差。

（六）這創造出一個讓假新聞增生的成熟環境，從而強化第一到五項。

（七）如此一來，人們會相信你所說的一切，而這完全是因為出自你的言語。信仰可以創造出忠誠的擁護者。要說服人相信他們本來就想要相信的並不需要費太多力氣，特別是當講的人是他們認定的盟友，而且又沒有可靠的反證來挑戰（但有時候確實是有證據）。

當可以用一堆廢話來掩蓋真相時，誰還需要審查制度？而這不就是後真相問題的癥結所在：

真相並沒有比感覺來得重要，我們甚至再也無法分辨真假。

研究大屠殺的歷史學家提莫西・史奈德（Timothy Snyder）寫一本充滿挑釁意味的書《論暴政》（*On Tyranny*）。[47]在書中，他警告我們要注意目前走在哪條路上，現在假新聞和另類事實很容易誘使我們走上通往專制政權的道路。事實上，在最近一次接受電台採訪時，史奈德警告說：「後真相是前法西斯主義（pre-fascism）。」[48]從今日輕浮的假新聞歸納出這樣的結論，似乎相當沉重。但是就當前社群媒體促成錯誤訊息傳播的速度來看，對任何一個想要以宣傳手段來幫大眾洗腦的人來說，這確實是夢想工具，鑑於此，我們至少應該意識到這樣的可能性。

但這還是沒有回答最初的問題，假新聞是否只是宣傳而已？如果捏造假新聞只是為了詐取你的錢，那這似乎比較接近詐欺。但即使這是為了讓你誤信一個謊言，有人可能會說，這不算是真正的宣傳。正如史坦利所言，宣傳的目的不是為了要欺騙，而是主張其政治優勢。欺騙是達到這個目的的一種手段，但不是唯一的方法。真正的獨裁者不需要你的同意。若後真相真的是前法西斯主義，那也許假新聞只是一個早期的花招，目的就是要軟化人心，讓我們對之後所到來的毫不設防。假新聞讓人感到困惑，並使我們懷疑是否還有可以信任的新聞來源。一旦我們不知道該相信什麼，他們就可以趁虛而入，好好利用這一點。也許真正的宣傳是在之後才會出現，屆時我們相信與否變得不重要，因為那時我們知道誰在掌控一切。

反擊

我們經常看到評比各家媒體立場是否偏差的列表，顯示哪些的消息較為可靠。[49]但你知道接下來又發生了什麼嗎？保守派脫口秀主持人亞歷克斯．瓊斯（Alex Jones）在資訊戰網站上對此做出反擊，他大肆批評那些廣為人知的版本，然後發布一份他自製的圖表。他認為史諾普斯（Snopes）、政治事實（PolitiFact）、事實查核（FactCheck）和華盛頓郵報（Washington Post）這些網站標榜讓人進行「事實查核」，但也有些網站主張他們自有其立場。確實，現在甚至傳出有左派版本的假新聞。[50]

對此，我們能做什麼呢？首先，請記住這其實是在服務特定人士的利益，他們企圖讓媒體屈服於假平衡的想法。但是當我們忿忿不平地引用《羅密歐與茱麗葉》中那句「你們兩家都遭到詛咒」的名言時，其實已經開始在對抗，反擊那些希望我們相信沒有所謂真理／真相的人。牢記這一原則，下面列出一些我們可以採取的具體步驟。

首先，請明白這是一個系統性的問題，然後再去看看有心人士是如何利用這一點的。現在臉書和谷歌一共拿下全美八五％的線上廣告收入。[51]他們是龐然巨獸。就此看來，有人認為應該由他們出面遏止假新聞。自從二〇一六年美國大選以來，臉書和谷歌都公布打擊假新聞的嚴厲措施。就在選後不久，谷歌表示將禁止散布假新聞的網站使用其線上廣告服務。[52]這直搗所有巴爾幹半島和其他假新聞製造廠的核心，他們過去靠著點擊次數就從谷歌廣告獲利。但還有一個問題：要如何確保網民可以辨別所有宣傳假新聞的網站，以及如何因應這類網站的反擊？臉書宣布他們不再讓含有誤導或非法內容的網站刊登廣告。[53]然而，這裡存在另一個問題，因為正如同一位電腦科學專家表示：「在臉書，從來沒有真的看過假新聞網站資助的貼文。」[54]臉書上大部分的假新聞都是臉友轉發分享的，目前還不清楚臉書是否能夠（或想要）對此採取任何行動。他們之前曾經以訓練過的編輯而不是演算法來審查熱門新聞，結果遭到網友撻伐，痛批臉書「介入」，在遭到保守人士的抱怨後，他們便取消這項做法。[55]其他人則建議，科技公司巨頭應該想辦法建立一套評等和警示系統來消除假新聞，就像臉書目前對過於裸露的影像和恐怖份子斬首網站的監管一樣，或是仿效谷歌對兒童色情內容的查核。但要採取「過濾」假新聞與其他令人反感的內容的措施，勢必會引來批判，指稱這些審查人員在判斷偏差內容時也帶有自身的偏見。[56]

還會有更好的方法嗎？事實查核網站史諾普斯的執行編輯布魯克．賓考斯基（Brooke Binkowski）認為：「解決方式不在於挑出假新聞，而是用大量真實的新聞與之抗衡。這樣大家會持續尋找資訊，最後將找到那些經過查核、內容詳盡，並且提供前後脈絡的深入資訊。」[57]雖然這聽起來很合理，但肯定無法修復那些死硬派人士的心靈，他們只會尋找證實他們既有信念的報導。不過這做法的好處確實有先例可循。畢竟，假新聞一開始就是因為「氾濫成災」才變得嚴重起來。也許解決方案是支持調查取向的新聞機構執行其任務，提供來源可靠、經過查核，而且基於證據的報導。也許我們就是應該要花錢訂閱《紐約時報》和《華盛頓郵報》，而不是每個月隨便讀十篇免費的報導。之前提到，其實已經有人開始這麼做了，因為這些報紙的訂閱量開始上升，《華盛頓郵報》剛剛雇用一大批新記者。[58]

其次，也可以期待民眾本身的批判思考能力來改變這一局勢，這項任務得指望各大專院校善盡其教育職責。或是可參考丹尼爾・萊維汀（Daniel J. Levitin）那本精彩的書：《謊言武器：在後真相時代如何進行批判思考》（*Weaponized Lies: How to Think Critically in the Post-Truth Era*）；這本書的書名原是《謊言現場指南》，在後真相熱潮出現後更名。[59]在書中可以學到統計、邏輯和良好推論的技術，這些都是進行良好推理非常重要的思考工具。

那些還不到上大學年齡的「數位原民」（digital natives）呢？他們將會在充滿假新聞和欺騙的世界中長大，一定得學會如何在世界中導航。在我讀到的相關報導中，有一篇相當鼓舞人心，當中提到加州厄文市的五年級老師史考特・貝德利（Scott Bedley）教導他學生要辨別假新聞，他提供給他們一系列需要注意的事項，然後用一些例子來測試他們：

> 我先教學生認識「假新聞」，告訴他們這些新聞的呈現方式就跟一般正確的新聞一樣，但其內容既不可靠，也缺乏可信度。一個很好的例子是之前廣為流傳的一篇文章，當中提到梵蒂岡的教皇比較認可某一位美國總統候選人。我決定設計一個遊戲來教學生分辨新聞的真假……我的學生全都很愛這個遊戲。有些人還不想結束，除非我給他們另一篇我準備好的文章，再來玩一局。[60]

他有教學生什麼技巧嗎？實際上並沒有。如果五年級的學生可以做到，那麼我們其餘的人有什麼藉口呢？

（一）尋找版權。

（二）以多個新聞來源來驗證。

（三）評估報導這則新聞的媒體的信譽（例如，他們成立多久了）。

（四）尋找發布日期。

（五）評估作者對該主題的專長。

（六）自問：這符合我先前所知嗎？

（七）自問：這看起來符合現實嗎？

貝德利這套系統的唯一問題是，現在他這批五年級學生會不斷對他進行事實查核。

之於後真相

假新聞的問題與後真相現象密切相關。對許多人來說，兩者確實不無二致。但這樣的看法並不完全正確，這就好比是在說，核武的存在預示著一場浩劫的到來。但我們並沒有蠢到僅是因為一種武器存在就會去用它。這裡有一關鍵會造成真正的差異，即我們要如何因應技術所帶來的挑戰。社群媒體確實促成後真相，但這只是一種工具，而不是結果。「在真相穿上褲子之前，謊言已經跑了半個世界」，這句邱吉爾的名言現在已成了老生常談。但這確實點出人性在未受訓練與教導的情況下會釀成怎樣的後果，而不是我們能夠解決這問題的潛力。資訊的數位傳播可以用來傳播謊言，但也可以用來傳播真相。如果我們有值得爭取的理想，那就要去爭取。如果我們的工具被用作武器，那就去把它們拿回來。

第六章
後現代主義導致我們進入後眞相嗎？

這麼多左翼思想，這是在玩火，而且是那些甚至不知道火會燙的人在玩。

——喬治・歐威爾

有些人認為得靠學術界來提出解決後真相的辦法，畢竟學者多年來一直在探討證據標準、批判思考、懷疑論與認知偏差等主題。因此，相當尷尬的是，在這裡我得承認，在促成後真相的種種令人難過的根源中，其中一項似乎正是直接脫胎自高等教育體系。

後現代主義（postmodernism）這個概念已經有一個多世紀了，而且廣泛應用在藝術、建築、音樂、文學等各種創作。然而這種廣泛與長期的應用，並沒有使得這個概念變得容易定義。哲學家麥克・林區（Michael Lynch）說：「幾乎每個人都承認後現代主義是無法定義的。這並不奇怪，因為這個詞之所以這麼流行，在很大的程度上就是因為它晦澀不明、難以捉摸。」[1]在接下來的篇章中，我會盡最大努力來講清楚。

過去三十年來，談起後現代主義時，可能是在談論一種運動，這運動起源於一九八〇年代許多大專院校的文學批評系所，而這主要肇因於尚－法蘭索瓦・李歐塔（Jean-François Lyotard）於一九七九年發表的《後現代狀況：一份知識報告》（*The Postmodern Condition: A Report on Knowledge*）這本書，其影響力相當深遠。在二十世紀還有許多其他思想家提出後現代的概念，包括德國哲學家馬丁・海德格（Martin Heidegger）、法國史學家米榭爾・傅柯（Michel Foucault）與法國哲學家賈克・德希達（Jacques Derrida）等，我認為他們的思想也非常重要，但在本章我只能約略帶過一些基本想法。

其中一個是德希達的「解構」文學理論，他認為我們並不能確定作者真的知道自己在文本中所要表達的「意思」，所以我們必須仔細拆解文本，檢視其背後的政治、社會、歷史和文化意涵在其中的作用。在一九八〇和九〇年代，這個充滿生命力的想法在北美和歐洲的人文領域風靡一時，讓人文學者得以質疑文學經典作品的一切。

要不了多久，社會學家和其他人也開始擁抱這個想法，他們認為這不應該僅用在文學性的文本分析，還可廣泛地應用在其他方面，因為，從某種意義上來看：「一切」都可以視為文本

（text）。戰爭、宗教、經濟關係乃至於性事，的確幾乎所有的人類行為都可這樣來看，行動者本身可能不見得理解其含義。突然之間，大家開始質疑在解讀文本的「意義」時（無論是狹義的書寫，還是更廣泛的行為），不見得一定有個正確或錯誤的答案。確實，這動搖到真理／真相的概念，因為在解構的行為中，批評家會帶入本身的價值觀、歷史，以及對於詮釋的假設。這意味著，在解構文本時，可能會得到很多答案，而不是只有一個。後現代主義者的做法其實只有一種，就是質疑一切，但不會輕易將看到的當真。沒有所謂的正確答案，只有敘事。

亞歷克西斯．帕帕佐格魯（Alexis Papazoglou）在評論尼采（他在後現代主義出現前一百年就寫下類似的哲學思想，堪稱是其部分的前身）時，描述了這種偏激的懷疑論是如何看待真理／真相的概念：

> 一旦我們意識到絕對、客觀真理的概念僅是一場哲學騙局，唯一的選擇就是視角主義（Perspectivism），承認沒有單一的一種客觀呈現世界的方式，只有關於世界樣貌的諸多觀點。[2]

這可以算是後現代主義的第一篇論文，第一次有人主張沒有所謂客觀真理的存在。若真是如此，那麼當有人告訴我們某事為真的時候，該如何應對？

這時我們便進入後現代主義的第二個論點：任何探求真理的專業無非是作者本人的政治思想反射。傅柯對此的看法是，我們的社會生活是由語言所定義，但語言本身充滿權力和支配的關係。[3]這意味著從根本上講，所有的知識主張實際上只是一種權威的主張；是有權有勢者迫使弱者接受其思想觀念的欺凌手段。既然沒有所謂的「真理／真相」，任何聲稱「知道」某件事的人實際上只是在嘗試壓迫我們，而不是教育我們。是權力讓人得以決定什麼是真理，而不是知識帶來力量。如果真的有許多觀點，那麼堅持僅接受其中一個觀點，就是一種形式的法西斯主義。

有些人會抱怨上面這段敘述不夠詳盡或過於粗糙，對後現代主義不見得公允。其他人可能不同意我將後現代主義視為後真相的前身。我相信，日後對於後現代主義文本的深入研究會減弱我的主張，動搖後現代想法可能助長右翼意識形態的論點。但我也可以肯定地說，因為後現代主義者退回到他們的學術圈內，潛心探討這套思想的種種細微差異，才會促成目前這種情況，並且在發現這套想法遭到越界濫用時感到震驚不已。

的確，那些挪用後現代主義思想的右翼人士，看似對這套思想的精微奧義並不特別感興趣。當他們需要工具時，就是連剔骨頭的刀子也會拿來當錘子用。事實上，在三十年前，保守派對後現代主義思想的精妙處也同樣不感興趣，甚至還以此批評左派，認為這是象徵他們衰退的標誌！現在想想，這其實滿諷刺的，在短短幾十年間，右派就從批判後現代主義的立場演變成目前濫用其概念的局面，共和黨籍的前副總統夫人琳恩・錢尼（Lynne Cheney）寫的那本《說實話》（*Telling the Truth*）便是一個很好例子。[4] 當然，這不是在說，後現代主義的想法遭到濫用都是這學派本身的錯，但他們確實得擔負起一些責任，畢竟他們在評估現實時的觀點貶低了事實的重要性，而且沒有預見到這可能導致的損害。

當然可以質疑真理和客觀性的概念，並對此提出合宜的問題，實際上在哲學史上充滿這類辯論，但是完全拒絕和蔑視真理／真相就太超過了。[5] 若是當初後現代主義者僅是在文學文本的詮釋上探討真理的概念，了不起再擴及到文化行為背後的象徵這類範疇，那事情就好辦多了。但他們還覺得不夠，後來又把苗頭對準自然科學。

科學大戰

一如預期，當科學人遇上「社會建構論者」時，發生了巨大的衝突，（透過以實徵證據來檢驗理論，以此尋找關於現實的真相）的物理學家、化學家、生物學家等人要如何面對這批人（他們宣稱所有的現實，包括科學理論在內，都是社會建構出來的，所以根本沒有客觀真理可言）。

社會學的「強綱領」（strong programme）意欲探討與研究的主題和英語學系的文學批評或文化研究並不完全一樣，但他們都抱持一共同的想法，即真理／真相都帶有觀點或視角，因此所有的知識都是社會建構出來的。就這點看來，社會建構論者發起的這場運動與後現代主義不謀而合，而他們打算將同行用於文學批評上的套用在科學上，也想推翻存在一個最優越的觀點的主張。

科學社會建構論催生出科學社會學這個更大的領域，主要基於一個有趣的想法：科學家說他們在研究自然，那又有誰來研究他們呢？科學家聲稱他們的理論是「真的」，但有人看過他們在實驗室創造這些理論的方法嗎？就這樣科學研究（science studies）在一夜之間誕生了。科學社會學的強綱領又進一步提出弱假設（"weak" hypothesis），提出理論之所以失敗一定是來自科學研究過程中的某種失誤，也許是科學家自身的意識形態造成的偏見所導致，讓他們沒有嚴格依循證據。在強綱領中，所有的理論（無論對錯）都應視為意識形態的產物。若是不相信有所謂的真理／真相，那自然就會問為何科學家偏好某些理論而不是其他的；但光是回答這根據證據而來的選擇還不足以讓他們滿意。[6]

有人聲稱，科學其實是那些宣稱專長於實徵研究的科學家的自我成長歷程，他們不是在發掘大自然的真相，而是根據其政治理念來推展自己獲得權力和利用自然的計畫。[7]還有人指出，科學探究的語言充滿難以扭轉的性別歧視，展現出其剝削的特性。科學家是在「窺探大自然不小心洩漏出來的祕密」，迫使她臣服於他們的檢視。[8]甚至有一位學者宣稱牛頓的《數學原理》（*Principia Mathematica*）根本是「強姦手冊」。[9]

然後，科學家展開反擊。

一九九四年，生物學家保羅．葛羅斯（Paul Gross）和數學家諾曼．李維特（Norman Levitt）合寫《高級迷信：學術左派及其科學爭議》（*Higher Superstition: The Academic Left and Its Quarrels with Science*）一書。這是言辭激烈地宣戰。他們表示後現代主義根本是胡說八道，是一批對科學實際運作一無所知的人文學家在亂搞。更糟的是，這些批評者完全錯失科學的真義，科學是在探究事實，而不是尋找價值。在任何一場戰爭中，都難以指望雙方展現進退得宜的風範。葛羅斯和李維特的論點缺乏哲學的精微分析，這讓我感到難過，因為我認為他們在一些地方確實忽略了社會學家對科學的合理批評。[10]然而，在戰爭中是一場又一場戰鬥：「附帶損害」是後來才需要擔心的。而接下來的戰鬥是一團混仗。

索卡爾的惡作劇

有時，批評最有效的形式就是模仿。受到《高級迷信》的啟發，一九九六年物理學家艾倫．

索卡爾（Alan Sokal）發表〈超越界限：走向量子引力的超形式的解釋學〉（Transgressing the Boundaries: Towards a Transformative Hermeneutics of Quantum Gravity），這篇文章乍看之下結合了討好後現代主義的陳詞濫調和一些嘲弄量子力學的浮誇文字。而且他還不是隨便亂選一份期刊發表，他挑上了宣揚後現代主義的主要推手《社會文本》（*Social Text*）。他們怎麼會願意接受這篇文章？索卡爾當初的想法是，如果他在葛羅斯和李維特的書中所讀的內容是真的，那麼只要文章看起來不錯，而且迎合編輯具有的偏差立場，他就有機會發表這篇滿紙廢話的文章。當時《社會文本》還沒有「同行審議」的審稿系統，因此該期刊的編輯並沒有把這篇論文發給其他同儕審閱，要不然也許就能發現當中吹噓胡扯的內容。結果，他們真的就在下一期將這篇文章刊登出來，更諷刺的是，那一期的主題是「科學大戰」。[11]

索卡爾後來這樣描述他那篇論文：

> 將德希達和廣義相對論、拉岡和拓撲學、伊利格瑞和量子引力的內容拼貼起來，莫名所以地提及「非線性」、「通量」和「相互關聯性」等字眼。最後，我直接跳到結論（同樣地沒有提出論點），主張「後現代科學」揚棄了客觀真實的概念。這整篇文章毫無邏輯可言，當中只是引用權威人士的話，玩弄文字遊戲、莫名的比擬和大膽斷言。[12]

索卡爾繼續指出（彷彿擔心有人會忽略這一點）他所捏造的文章的荒謬之處。

在第二段，在沒有提供絲毫證據或論點的情況下，我宣稱「物理現實」位於社會和語言結構的底層。請注意，這指的不是我們關於物理現實的理論，而是現實本身。有個相當公平的方法來闡明這一點：任何認為物理定律僅是依循社會慣例建構出來的人都歡迎來我家，從我公寓的窗戶跳出去，打破那些慣例。（我住在二十一樓）。[13]

他接著說，雖然他寫這篇文章是為了嘲諷，但他的動機是認真的。索卡爾不僅對於葛羅斯和李維特在書中提到的人文學者「玩弄想法」的作為感到憤怒，也因為這是一種政治上的不負責任，給了自由主義一個壞名聲。[14]他指出，在這幾百年來的傳統中，自由主義一直是科學和理性的盟友，一同對抗神魔化和愚民政策。然而，今日他感到學界的人文主義者正在攻擊循證思想的根源，這破壞了他們要為窮人和弱勢者在這世界上爭取更好地位的政治努力。

將「現實的社會建構」理論化無助於我們尋找治療愛滋病的有效方法，或是製定遏止全球變暖的策略。若是否定了真與偽等觀念，我們就無法對抗在歷史、社會學、經濟學和政治上的誤謬觀念。15

索卡爾的騙局一經揭露，引起很大的震撼。《社會文本》的編輯認為這是一項惡意指控，但此舉無疑深深刺痛他們。許多人將此當作是後現代主義思想不夠正經，在思想上已經破產的證據。然後科學家便回到他們的實驗室。

但是之後怪事發生了，因為觀念一旦釋放出來，是無法收回的。儘管那時後現代主義處於一個尷尬的時刻，但這也廣泛宣傳他們的觀點，讓其他之前不曾聽聞這套思想體系的人也有機會認識。而這引來在一旁窺視的右派人士的興趣。

右翼的後現代主義

一敗塗地的「科學大戰」留下一個問題：**任何人**都可以用後現代主義來攻擊科學嗎？是否只有自由主義者（當然是指全世界大多數的文學批評和文化研究相關系所）可以使用這些觀念，或者也可以為其他人所用？接下來發生的事已經回答這問題，而且是右翼理論家回答的，這些人對科學主張（好比說演化論）感到不滿，赫然發現後現代主義正是他們需要的工具，可以此來攻擊科學理論優於其他一切觀點的想法。此舉自然引發下一個問題，即今日是否有所謂「右翼後現代主義」的存在，用來質疑真理／真相、客觀性和權力，並主張所有的真理／真相都被政治化。若是左派發明的技術為右派拿來攻擊科學，而且還挑戰所有基於證據的推理，那當然再諷刺不過了。但若真是如此，要確定這一項導致後真相的根源可有一段長路要追尋。

二〇一一年朱迪思・華納（Judith Warner）發表〈無事實的科學〉（Fact-Free Science），在文中她提出後現代主義無異是助長和教唆右翼人士如何去否認科學。[16]華納說：「質疑公認的事實，挖掘既定認識背後的神話和政治，這樣的伎倆是直接脫胎自左翼人士的劇本。」但是，由於「現在共和黨急需」一套質疑全球暖化背後科學的工具：「想要藉此壯大保守黨的基礎，（這）時代的政治思潮（已經）轉變。」她的結論是：「攻擊科學成為一項極端右派的運動。」有證據顯示他們應用後現代主義嗎？華納引用一些後現代主義者對此的擔憂，他們似乎對於提供給保守派一個政治遮罩感到憂心。

但這些例子對科普作家克里斯・穆尼（Chris Mooney）來說是不夠，他似乎對左翼的後現代主義被用來鞏固右翼的否認科學運動感到憤怒。穆尼寫道，華納的分析「完全錯誤，讓人對這問題毫無頭緒」：

首先，主張保守派受到左翼學術界的激烈辯論和文字遊戲的強烈影響是毫無意義的。難道我們忘了從一九七〇年代開始，保守派就精心建構一批符合其意識形態的智庫，這當中有許多就是現在質疑氣候變遷的智囊團，以便在學術界之外建立他們的「專家」同溫層？對他們來說，一九九〇年代的後現代主義，不過就是學術無用論的典型範例。而這還不是駁斥華納論述的最大原因。最強烈的反證是，從氣候變遷的否認者的表現、行為或說詞來評斷，怎麼看都稱不上是後現代。[17]

接著他推測多數的科學否認者實際上是相信真理／真相（但沒有提供什麼例證），然後他以調侃嘲弄的方式作結：

科學是「真理／真相」的體現，這一點氣候否認者也欣然同意。客觀來說，他們自認是對的，而關於全球暖化的科學共識則是錯的。他們並沒有質疑科學是尋求真相的最佳方法。他們在那裡談的是他們的科學家才知道真相。你能想像（美國參議員）詹姆斯・英霍夫（James Inhofe）引用德希達或傅柯的畫面嗎？光是用想的就讓人發笑。[18]

我不得不說這樣的想法實在是有點遲鈍，實在是太「五年前」了。從二〇一一年以來，情況開始轉變，而且，我認為即使是在當時也有證據顯示華納是對的，而穆尼卻沒注意到。

正如在第二章提到的那段否認科學的歷史，假定川普的爪牙或他的支持者一定有讀到後現代主義的文獻才會受到其影響，顯然是不了解他們「製造」疑問的方式。但穆尼確實說對了一件事，有很多初期工作是由他們的智囊團完成的。等傳達給政府官員和遊說團體時，這已經整理成一系列的要點。但也別忘記，在一場否認科學的戰役中發明的戰術往往也適合用在下一場。

之前提過奧雷克斯和康威對「菸草策略」的探討，這套策略在讓香菸和癌症之爭陷入僵局，為業界「打贏」這場戰爭很久之後，又再度取得成功。「打擊科學」的想法，以及「還有不確定性」的主張也用在酸雨、臭氧層破洞和許多後續議題的爭論上。另外，也還得想一下這些事件的先後順序。在氣候變遷前的那場戰役是什麼呢？演化論。全球暖化的懷疑者從中借用了很多攻防策略。

後現代主義思潮無疑對這場爭論產生重大影響，正如同在演化論的攻防上，創造論蛻變成智能設計（Intelligent Design, ID）所展開的一系列鬥爭一樣，也有人企圖爭取在公立學校的生物學課堂上講授智能設計理論與演化論之間的「爭議」。我們怎麼會知道這些內幕？因為這是參與建構智能設計理論的菲立普・強生（Phillip Johnson）親口說的，而他也協助成立那些穆尼提到的智囊團。

科學哲學家羅伯・彭諾克（Robert Pennock）在他深具開創性的學術文章中提出一相當有說服力的觀點，他指出：「在智能創造運動的論點深處貫穿著後現代主義的絲線，這在他們的主要領導人的著作和訪談中可見一斑。」[19]事實上，他還十分挑釁地表示：「智能設計創造論根本是基督教基本教義派和後現代主義的私生子，」聲稱強生就是這場「智能設計運動的教父。」

彭諾克講了在華盛頓州西雅圖成立發現學院（Discovery Institute）的有趣故事，提到他們得感謝「口袋很深的右翼政治支持者」。他表示，直到今天「發現學院仍然騎著後現代主義的馬」。這匹馬是什麼時候創造出來的呢？他聲稱這幾乎完全靠強生一手推動。在強生的著作中要看到後現代主義的影響並不需要一雙明察秋毫的眼睛。他正大光明地擁抱這個想法。彭諾克除了檢視強生的著作外，也回顧他的訪談，在當中發現強有力的例證：

> 從基督教的觀點來看，演化論爭議的最大問題在於呈現方式，一直以來都將其塑造為聖經對戰科學，然後問題就成了要如何捍衛聖經？現在，以這種方式來處理的問題在於，我們的文化將科學當作是一種客觀事實的調查程序。若是要將這場爭議定調為「聖經對

> 戰科學」，那麼大家會認為這是在以盲目信仰來反對客觀判定的知識或實驗。[20]
>
> 一直以來，我的計畫是要消除那些哲學障礙……我正在讓這套哲學體系相對化。[21]
>
> 我告訴他們，就像他們一樣，我也是後現代主義者和解構主義者，但我的目標稍有不同。[22]

在另一次採訪中，強生自認受到探討科學知識的社會學的那套「強綱領」的吸引，正如彭諾克指出的：「這是不同的路數，但確實和後現代主義的概念密切相關。」強生不僅清楚表明他讀過這些文獻，而且還想用它來抵禦智能設計理論，以此對抗演化科學的「客觀」論點。他說：「奇怪的是，還沒有人將這套知識社會學方法應用來檢視達爾文主義。基本上這就是我在著作中所做的。」[23]在彭諾克的文章中，還納入許多關於強生想用後現代主義方法來對付演化論的意圖，他想要消滅天擇推動演化在知識學上的權威性，將智能設計論包裝成另一個與之競爭的理論。彭諾克解釋他這套策略的要點：

> 不要認為科學與現實有任何關係。演化只是一則充滿想像力的故事，剛好是由科學部落來述說。就激進的後現代觀點來看，即使是在實徵經驗上，科學也沒有比世界上任何其

他觀點來得優越；每個部落都可以用自己的故事當作其信仰的起點。智能設計創造論者同樣有理由，將上帝的創造和對人的旨意當作是他們的出發點。[24]

從這裡可以清楚看出後現代主義思想對智能設計論的影響。智能設計論無疑為日後的氣候變遷否認陣營提供一份戰役藍圖：攻擊現有科學、尋找並資助自己這一方的專家，大力推動這議題還有「爭議性」的想法，透過媒體和遊說活動來營造支持自己的一方，然後觀察公眾的反應。[25] **即使右翼政客和其他否認科學人士沒有讀過德希達和傅柯，這些思想也在他們腦中萌芽**：科學並不是通往真理／真相的唯一方法。因此，提出右翼勢力使用一些後現代主義的論點和技術的主張並不是不合理，他們確實有可能以此來攻擊與保守派意識形態相衝突的種種科學真相。

這種說法有任何證據嗎？在這裡我們得先回過頭來看一些「認錯」（mea culpas）的後現代主義者的講法，他們在看到某些觀念遭到右翼濫用時也深感驚恐。[26] 社會建構論的其中一位創始人布魯諾．拉圖（Bruno Latour）在讀到《紐約時報》的一篇社論時感到相當擔憂，於是在二〇〇四年寫一篇題為〈何以批判者無力招架？〉（Why Has Critique Run Out of Steam?）的文章，當中寫道：

大多數科學家認為，（全球）暖化主要是由需要有嚴格監管的人造汙染物所引起的。（共和黨的策士）倫茨（Luntz）先生似乎也承認這一點，誠如他說道「科學辯論正朝向對我們不利的方向」。然而，他提出的建議卻是去強調學界所提的證據還不夠完整。他寫道：「要是公眾相信科學界對此已沒有疑義。他們對全球暖化的看法也將隨之改變。因此，僅需要持續主打這一點，把缺乏科學確定性當作是首要議題就好了。」[27]

拉圖對此的反應就好像是軍火商，在得知自己所販售的某種武器殃及無辜時的心態：

你知道我為什麼擔心嗎？過去我自己也曾花了不少時間來展現，在事實建構的過程中原本就「缺乏科學確定性」。我也把它當作「首要議題」。但是，我並沒有打算以此來欺騙公眾，混淆一早已確定的論點的確定性，還是說我的工作也促成了這樣的結果？畢竟，我也曾遭受犯下這種罪過的指控。儘管如此，我還是寧可相信我的意圖是要將公眾從不成熟的自然化和客觀化的事實中解放出來。有人蠢到誤會我的用意嗎？事情變得這麼快嗎？[28]

情況其實更糟，這座武器工廠仍在運作。

> 整個博士學程的運作方式都是在確保優秀的美國孩子學習建構事實的紮實方法，確保他們懂得沒有所謂自然的、未經調整的，或中立的方式來尋求真理，以及讓他們明白我們都是語言的囚徒，總是以一特定觀點來言談等等，然而危險的極端主義者正在利用同樣的社會建構論點來摧毀得之不易的證據，這些原本可以用來挽救我們的生命。我加入「科學研究」（science studies）這一領域的創建錯了嗎？光是說那不是我們的本意就夠了嗎？為什麼我難以將「無論你是否喜歡全球暖化已是既定事實」說出口？為什麼我不能顧全大局而簡單說出這已是定論？[29]

沒有什麼比這段話更能表達學界對此的遺憾，而拉圖也不是唯一一位在右翼否認科學的策略中發現到自己身影的後現代主義者。人文主義學者和文學評論家麥克・貝魯伯（Michael Berube）在二〇一一年寫道：

> 正如我所料的，現在氣候變遷否認陣營正夥同新一代的地球創造論者，準備和自然科學

家一較高下，而他們用的竟然是左派學界發展出的一些僅和學界同行討論的論點。右派以一些標準的左派論點，再搭配左翼民粹主義者對「專家」、「專業人士」，以及那些自視甚高、自以為是的各界人士的不信任言論，這塑造出一種強大的手段，得以讓科學研究失格，喪失其正統性。[30]

他確實深感羞愧，在文章結束時，貝魯伯似乎想要討回一點顏面，他表示：

若我承認科學研究有可能釀成可怕的錯誤，助長那些科學否認者或反動者的氣焰。那你們也當同意我對文化大戰的看法是正確的，還有自然科學不會毫髮無傷地擺脫右翼的雜音機器。若是你們願意再進一步，承認在某些情況下，由清楚認識科學實際運作的人所做的評論是有道理且有益的（例如探討戰後懷孕和分娩的醫療化產生的一些不良影響的批評），那我也願意再往前邁出一步，承認許多人文主義者對科學和理性的批評既不夠謹慎，也缺乏足夠的見識。然後，也許我們可以心平氣和地開始探討要如何發展永續的安全能源，和其他讓地球適合居住的社會實踐。[31]

左派這種尋找靈魂的想法完全為一批人所忽略，他們擔心後現代主義要承擔起導致後真相的責任，而從否認科學通往全面否認現實的這條路，似乎就明擺在眼前，難以否認。將後現代主義套用在後真相政治中會是怎樣的景況？其實很像我們現居的世界：

如果沒有事實，只有解釋，而且上百萬的美國人都願意不加思索地接受你的觀點，那麼為什麼還要堅持區分事實與虛構之間那條僵化的線呢？如果你將一段時期的寒冷天氣解釋為氣候變遷的反證，又有數百萬人同意你的觀點，那麼氣候變遷就是一個騙局。如果你在就職典禮上感受到創紀錄的出席率，那就是有創紀錄的出席率，而空拍照所證明的不過就是另一種觀點。[32]

在上述這段話中，幾乎可以聽到凱莉安．康威在講話，這樣的論調就跟她之前用「另類事實」為西恩．史派塞辯護時一樣。

最初推動後現代主義政治是為了要保護窮人和弱勢，幫他們擺脫有權勢者的剝削，但結果完全命中錯誤目標。現在承受氣候變遷最大衝擊的正是窮人和弱者。索卡爾的預言即將實現，**左派要如何在不使用事實的情況下反擊右翼的意識形態？這就是不計後果玩弄觀念的代價**。在學術界，攻擊真理是場很有樂趣的遊戲，但是當這些策略外流出去，落入科學否認陣營、陰謀理論家，或是堅持自己的直覺比任何證據都好的易怒政客手上時，會發生什麼事？[33]

所以現在到底是怎樣的狀況？左派人士相信真理／真相嗎？目前的意見可能眾說紛紜，因為現在他們就處於動輒得咎的尷尬位置，不是幫助和安慰敵人，就是要起身捍衛確實存在所謂的真理／真相。然而，原本的問題還是沒有得到解答：我們要怎麼確定真的是後現代主義促成右派在否認科學的運動上產生一大躍進，轉變為發展純熟、扭曲現實的懷疑論，也就是後真相？自川普上任以來，這個問題甚囂塵上。[34]目前在主流媒體上仍有不少文章在嚴正探討這個問題[35]，但仍然有些人似乎還是堅持除非能找到川普的白宮資深顧問凱莉安・康威讀德希達的證據，不然這一切都只是妄加臆測而已。[36]還有人認為，將後現代主義和後真相之間看成是因果關係實在太荒謬，因為後真相由來已久，其存在時間超乎一般人所預期的，而後現代主義只是剛好在討論後真相時還滿管用的，因為給了我們許多詞彙來談論這問題，即使它沒有造成後真相。[37]

不過，有位哲學家似乎很願意建立這兩者間的關聯。二〇一七年二月十二日，在接受《衛報》（*Guardian*）訪談時，丹尼爾・丹尼特（Daniel Dennett）認為後現代主義確實要為後真相的出現負責：

哲學並沒有將其自身掩藏在處理這（事實和真理／真相問題）的光芒中。也許有人開始意識到哲學家在這問題上並不是那麼無辜。有時，觀點會導致可怕的後果，而這可能真的會發生。我認為後現代主義者的作為真的很邪惡。他們要對知識圈的風氣負責，這裡瀰漫著對真理／真相和事實的蔑視態度。你會聽到周圍有人說：「嗯，所以你是仍然相信事實的那一群。」[38]

還有比這個更直接的證據嗎？有比較接近類似羅伯．彭諾克所舉的智能創造論，根源於後現代主義的例子嗎？事實上，確實有。

為川普鋪路

如果不了解替代媒體的重要性，就無法理解後真相（或川普）的興起。要是沒有布萊巴特新聞網、資訊戰網站，和所有其他另類右翼的媒體，川普可能無法將他的訊息傳達給那些最容易相信他的話的人。正如在第五章所提到的，這裡的重點是新聞現在碎裂化了。世人得知「真相」的管道不再侷限於少數幾種來源。事實上，也並不侷限於「媒體」。在總統大選期間，支持川普的聲音中有很多是來自另類右派的部落格主，當中最具影響力的要屬麥克・切爾諾維奇（Mike Cernovich）。

親川普的切爾諾維奇是個「美國國家主義者」，也是位熱愛陰謀論的部落格主，在推特上擁有二十五萬的追隨者。[39]但他可不是一位隨便的部落格主。《紐約客》和《華盛頓郵報》都曾報導過他，CBS主播史考特・佩利（Scott Pelley）也因為他對二〇一六年總統大選的深度影響力而採訪過他。有些人批評切爾諾維奇不斷製造「假新聞」。[40]他就是發出那則希拉蕊病危推文（#HillarysHealth）的人。[41]還記得披薩門事件嗎？有人指稱，華盛頓特區的一家披薩餐廳是柯林頓和希拉蕊性剝削兒少的據點，差點導致有人在那裡遭到槍殺。

切爾諾維奇就是其中一位散布這則謠言的人。[42]他還指控希拉蕊的競選團隊參與性崇拜的儀式。[43]在他接受《紐約客》採訪時，切爾諾維奇談到一些其他也很具爭議的觀點，好比說他認為根本沒有約會強暴這回事，還有他的第一次婚姻是被「女權主義教條」所破壞的。[44]

他顯然獲得川普政府的友好關注。二〇一七年四月，小唐納・川普（Donald Trump Jr.）在推文中向切爾諾維奇祝賀，說他揭露前國安顧問蘇珊・賴斯（Susan Rice）下令監聽川普競選官員一事的報導應該會「贏得普利茲獎」。

當白宮顧問康威得知切爾諾維奇接受佩利的訪問時，立即在她的推特上發文，請她的追隨者去看節目，或是讀整段談話內容，並且附上切爾諾維奇的網站。一個切爾諾維奇的批評者說：「我認為康威和小川普是在炒作切爾諾維奇很多關於川普的白宮團隊的言論，只要這有助於模糊焦點，幫他們擺脫重創川普政府的新聞，他們當然會借助陰謀論者之力。」[45]

切爾諾維奇顯然具有很大的影響力。但這跟後現代主義的問題有何關係？在那篇《紐約客》對他的訪談中，可看出一些端倪：

為了方便論述，讓我們先假設華特．克朗凱說的一切都是謊言。但要是沒有推特，我們要如何得知這一點？我在大學時讀到後現代主義的理論。若一切都是陳述，那麼我們就需要以替代敘事來與主流敘事相抗衡。我看起來不像是個會讀拉岡的傢伙吧？[46]

切爾諾維奇看似個無賴，但實際上他受過良好的教育。他擁有佩波戴恩（Pepperdine）大學的法律學位，而且在大學就讀時還算認真。他提出一個我們現在很熟悉的觀點：如果沒有真理，而一切都是觀點，我們怎麼能真正了解任何東西？為什麼不去懷疑主流新聞的報導或是接受陰謀論呢？確實，如果新聞只是一種政治表達，為什麼不能編造？誰的事實較為重要？又是誰的觀點才是正確的？

這就是何以說，後現代主義是後真相的教父的緣由。

第七章 對抗後眞相

現在，我們已經深陷其中，在這裡重新陳述顯然是明智之士的首要職責。

——喬治·歐威爾

二〇一七年四月三日，《時代》雜誌選擇以「真相已死？」當作封面出刊，這是一件引人注目的標題，讓人想起他們在上一次時局動盪之際（一九六〇年代）問過的類似問題，只是那次的主詞是上帝。一九六六年四月甘迺迪總統遭到暗殺，當時美國投入大量資源在越戰，再加上國內的犯罪率升高，這時的美國人心情跌入谷底，開始對他們的國家機構與制度失去信心，舉國上下都在反思前進的道路。而最近這次讓《時代》宣告進入國家反思時刻的原因，則是川普總統本人。

在開宗明義的首篇文章中，編輯南西・吉布斯（Nancy Gibbs）對於真理／真相這個觀念提出一些重大的問題，要讀者思考：「在面對一個將真相當作玩物的總統」時有何感想。這是相當強烈的措辭，但隨後附上的一些觀察更令人震驚：

> 對川普而言，無恥不僅是一種強項，還是一種策略……無論是就職典禮的人數、選民詐騙、北約資助還是他聲稱遭到竊聽，川普的很多說詞最後都證實是錯誤的。但是指控川普是個謊話連篇的騙子反而可能會模糊掉一個更令人不安的問題：他到底相信什麼？如果他相信自己所說的話，這算是說謊嗎……謊言、美好辭令和妄想之間的界線在哪裡？抑或這些都是他的顧問凱莉安・康威語出驚人地提出的「另類事實」，而這和事實之間的界線又在哪裡？他希望聽眾下的結論與現有證據所證實的結論，之間的界線又在哪裡？[1]

根據非營利的事實查核網站「政治事實」的評估，川普競選的聲明有七〇%都是錯誤不實，而且在競選期間的民調顯示有近三分之二的選民認為川普不值得信賴，但他最後還是贏得大選，這不禁讓人懷疑真相遭受的威脅是否遠超過任何一人的作為。[2]如果是這樣，《時代》雜誌的封面問題非但不誇張，而是令人震驚的中肯：真理／真相已死？

這本書大部分的篇章都在探討後真相的根源，無非是基於一個假設：除非能了解導致問題的原因，否則無法對這問題提出任何解決的實際辦法。而現在則是叩問解決這問題的時候了：有任何辦法可以對付後真相嗎？二〇〇八年，法哈德・曼朱（Farhad Manjoo）出版一本（他在二〇〇六年撰寫）書，名為《夠真實了：如何在後事實社會中生活》（*True Enough: Learning to Live in a Post-Fact Society*）。[3]看到有人能夠走到時代前方，多少預知國家政治的走向，真是相當令人驚喜。[4]曼朱的書是在智慧型手機發明前寫的，那時連美國前總統歐巴馬都還沒成為螢幕焦點。事實上，在曼朱探討的幾個著名的例子中，有一個是二〇〇四年「快艇老兵說真相」的活動，主要是在抹黑當時與小布希競爭總統大位的約翰・凱利（John Kerry）。在活動中，他們操弄認知偏差，並提出有別於媒體主流報導的反敘事（counternarrative），頓時登上國家舞台，成為焦點。以後見之明來看，整個操作手法中透露出的蛛絲馬跡其實很容易與二〇一六年的大選連結起來，不過曼朱在那時就已預見媒體碎裂化、資訊偏差、客觀性衰退，以及整個局勢危急到對真相的認識，甚至是真相這個概念本身。

曼朱有提出什麼方法來幫助我們與之抗衡嗎？不幸的是，辦法相當有限。除了書的後半有以「生活在無信任感的世界中」為標題的一章，曼朱並沒有提供什麼實用的建議，只說我們應該「明智選擇」所要相信的。不過，要求一個這麼有遠見的人順便提供我們工具來對抗即將發生的變化，也許太過分了（畢竟，要是我們把他的話聽進去，現在事態也許就不會演變到這個地步）。在本章，我會試著往前推展一些。今日的我們不再需要預想即將要發生的，因為我們已身陷其中。既然我們現在對發生後真相的始末比較理解了，這能幫助我們應對嗎？正如曼朱那本書的副標所問的：如何在後事實社會中生活。

我個人是不想生活在這樣的世界。對我而言，這問題不在於要如何學習適應一個事實無關緊要的世界，而是要挺身而出，捍衛真理／真相這一概念，同時還要學習如何反擊。這裡有些我們首先應該學的實用建議，當年可是凱利在「快艇老兵說真相」的反對運動中歷經的慘痛教訓。那時一些右翼的退伍軍人出來講了一些破壞凱利輝煌戰績的故事，但這批人中只有喬治・艾略特（George Elliot）真的曾在越南與凱利一起服役，在電視上首次出現這批快艇老兵的廣告後不久，他就公開澄清那些指稱凱利戰時膽怯行為的故事不實。但為時已晚。德州有許多百萬富翁和其他對此表達同情的人捐出大筆資金。艾略特的澄清完全沒人理會，因為當時又傳出另一則假新聞，《波士頓環球報》的記者指稱艾略特的澄清故事是受到凱利和約翰・愛德華（John Edwards）陣營的委託，是為了幫他們的競選書刊寫序言。這完全是捏造的，但已經不重要了。各方選擇自己要相信的一邊。但隨後凱利犯了一個致命錯誤，他決定不要隨那批快艇老兵起舞，任由他們在全國各電視台痛批他的行徑。最後他因為在俄亥俄州的幾千張票而輸掉那次選舉。凱利渾然不知那時我們正悄悄進入後真相的時代。[5]

他給我們上了寶貴的一課，一定要反擊謊言。絕對不要抱持著這些說詞「荒謬誇張到沒有人相信」的想法。人之所以說謊是因為他認為有人會相信謊言。我們或許可以抱著聽眾有足夠的常識來識破謊話的希望，但在這個由黨派操控媒體的年代，再加上資訊來源的碎裂化，每個人的動機推理都受到影響，大家會按常理來辨別是非的假設早已不成立。挑戰謊言的目的並不是要用真相去說服說謊者，居心不軌的他們可能陷入太深，難以轉圜。但是每個謊言都有聽眾，現在可能還有時間來幫助這批聽眾。如果我們不去面對造謠生事的人，那些尚未從無知階段落入「故意忽視」的人是否會這樣一路滑落下去，陷入深不可測的「兔子洞」，進入完全否定現實的狀態，屆時他們可能甚至不再想聽事實或理由了？要是我們不提出自己這一方的「反敘事」，他們還有什麼理由去質疑說謊者的說詞？至少，我們得要當個證人，指出謊言。**在後真相時代，必須挑戰所有混淆事實的企圖，在情況惡化前先指出誤謬所在**。

儘管另一邊的聲音可能很大，但手中握有事實還是很有力量的。也就是說，即使在黨派口水戰和「懷疑論」喧囂塵上的年代，能夠不顧事實否認現實的時間還是有一定限度。二〇一五年，全美十四個州爆發麻疹大流行，媒體立即停止關於疫苗和自閉症「故事雙方」的平衡式報導。突然之間，韋克菲爾德的造假成為報導焦點。電視主持人對自己早期的報導促成麻疹爆發感到不安，這份心情幾乎都寫在他們臉上。一夕之間，電視的談話節目不再以兩個分割畫面呈現，讓專家與懷疑者辯論。一旦有人受到傷害，媒體就不再認為這種虛假的平衡報導是個好主意。這是否有可能發生在其他議題（例如氣候變遷）？在一定程度上其實已經展開了。英國廣播公司（BBC）自二〇一四年六月起決定停止給予氣候變遷否認陣營相同的播放時間。[6]《赫芬頓郵報》（*Huffington Post*）在二〇一二年四月也做了同樣的決定，其創辦人雅里安娜·赫芬頓（Arianna Huffington）說：

> 在我們所有的報導中，特別是在有爭議的議題上，都會竭盡所能地廣納各方的重要論點，力求清楚傳達其間的細微差別。我們的目標不是要取悅那些我們所報導的人物，或是創造出表相上的平衡報導，我們是要尋求真相……若是在一具有爭議性的問題上，我們所掌握到的證據偏向其中一方，會在報導中加以註明。我們努力要讓讀者放心，在報導中會考量各個面向，並公允地呈現出來。[7]

但這樣做有什麼好處呢？若我們真的生活在後真相時代，媒體的報導原則改變真的還那麼重要嗎？這一點實在很難說。若是我們對氣候變遷這類議題的信念已經為認知偏差和政治意識形態所扭曲，要怎麼樣才能打破這樣的世界觀？為什麼不試著換個電視頻道呢？即使真的聽聞到真相，我們不會否認嗎？

事實上，我們沒有這麼冥頑不靈。至少不會一直維持這樣的狀態。儘管之前提到的動機推理、確認偏差，和其他一些影響力的效應都很強，但請記住，實徵證據顯示，讓人重複聽聞事實最終還是會產生影響。想想在第三章簡略提到的瑞德妻斯科等人的研究，[8]他們的文章副標其實問了相關的問題：「具有動機的人在推理時有辦法看到真相嗎？」他們提到在尼亨、瑞夫勒和其他人的研究，具有黨派偏差的人在看到與他們信念相抵觸的證據時，否認的動機最強，有時甚至會產生適得其反的「逆火效應」。但這效應是否有個極限？在他們的論文中，瑞德妻斯科等人觀察到：

> 選民似乎不可能永遠處於這樣的狀態。要堅持己見到最後，意味著他們即使在面對大量與其信念相左的資訊時，也得繼續進行動機推理。在這項研究中，我們想要知道，若是持續提供與他們期望不一致的資訊，是否能扭轉這種動機推理過程。如果是的話，那表示必須讓選民先達到一個資訊的臨界點，之後他們就能開始正確地進行評估。[9]

而結果正是如此。瑞德婁斯科和他的同僚獲得的實驗證據顯示：「確實存在一個產生效應的臨界點」，這意味著「選民並不會對與其信念相左的資訊無動於衷，即使最初他們是進行動機推理。」[10]詹姆斯．庫克林斯基（James Kuklinski）和他的同僚在另一項研究中則發現，雖然誤導的信念可能根深柢固，但若是一遍又一遍提供證據確鑿的資訊，讓他們親眼看到，還是有可能改變這些死硬派的想法。[11]要以不願面對的事實來說服他人並不是件容易的事，但顯然這是有可能做到的。

想來這其實很有道理。我們都聽過那些「達爾文獎」（Darwin Award）得主的愚蠢事蹟，他們一路否認現實直到送命或失去生育力為止。這獎項是頒給無法再傳播自己愚蠢基因，對人類演化再做出貢獻的人，不過他們沒有考量到演化不會讓人永遠拒絕真相。最終，現實還是會影響我們，產生差異，屆時我們便能夠否決自身的意識形態所造出的信念，不再否認事實，從而解決認知失調的問題。確實，目前已經有很好的證據顯示這現象不僅在實驗室發生，也出現在現實世界。

佛羅里達州的科勒爾蓋布爾斯（Coral Gables）海拔僅有二．七公尺。科學家預測，在幾十年內整座城將會被海水淹沒。共和黨籍的新任市長詹姆斯．卡森（James Cason）在當選後不久，聽了一場氣候變遷及其對南佛羅里達州的影響的演講。對此感到非常震驚。「你知道，我之前零零星星讀過一些文章，但從來沒想到這將會對這個我現在領導的城市產生這麼大的衝擊。」[12] 從那時起，卡森試圖提出警告，但是他的運氣不太好：

> 有人說：「我不相信。」有人說：「告訴我該怎麼做，我會注意的。」還有人說：「現在我還有其他事情要擔心，晚點再說吧！」其他人則說：「這問題就留給子孫後輩去煩惱吧！」[13]

卡森開始從法律面來尋找解決辦法。並且繼續提出警語，希望在為時未晚之前，他所屬的共和黨能夠在國家層級認真看待全球暖化的問題。在二〇一六年共和黨的一場辯論前夕，卡森與邁阿密的共和黨市長托馬斯．雷加拉多（Tomás Regalado）一起在《邁阿密先驅報》（*Miami Herald*）發表一篇社論。他們這樣寫道：

> 身為堅定的共和黨人，我們與我們的政黨一樣對政府權力過度擴張和不合理的規範感到懷疑。但是對於我們，以及大多數南佛羅里達州的其他公職人員而言，氣候變遷並不是一個黨派議題。我們必須盡快解決這個迫在眉睫的危機。[14]

若是「幸災樂禍」（schadenfreude）一詞那時還不存在，在那個時間點大概也快要發明出來了……除非我們都在同一條船上，或是不久以後只能在同一條船上，無法再置身事外的當個局外人，任由自己沉迷在這種自以為是的感覺中。就算有人滿心準備好要否認事實，事實也有辦法自我彰顯出來。當水蔓延到他們價值五百萬美元的豪宅，或是影響他們的生計時，人最終還是會聽得進去。但這是否意味著在此期間我們只能等待？不是這樣的。我們可以支持批判性思考和調查型的報告。可以找出撒謊的人。在海平面上升前，我們就應該設法找到以事實來給人「當頭棒喝」的方法。

不過在採行這種策略時必須特別謹慎。心理學研究顯示，當人有不安全感或覺得受到威脅時，他們傾聽的可能性就會降低。在尼亨和瑞夫勒近來的研究中，他們讓受試者進行自我肯定的練習，然後再給他們更新過的資訊。過去的假設是，自我感覺良好的人比較樂於接受糾正，更改誤解的資訊。但研究員發現這兩者間的相關性很弱，而且缺乏一致性；在某些議題上是如此，但不見得適用在所有的議題上。在這項研究中還有另一個較為可靠的發現：在呈現形式上，以圖表提供的資訊比文字敘述更令人信服。[15]從這裡我們可以學到什麼？不要對一個受到誤導的人大吼大叫可能較能幫助他們認清現實，但難道最好的方法就是默默地提供圖表資料嗎？

要將事實問題去政治化是很難的，特別是當我們覺得「對方」荒唐透頂或是冥頑不靈的時候。不過體認我們自身也有這樣的傾向或許有所幫助。這裡要學的是，對抗後真相的其中一項重要方法就是從自身內部著手。**無論我們偏好自由主義還是保守主義，所有人都具有可能導致後真相的那種認知偏差。我們不應假定後真相僅來自於他人，或者是別人的問題造成的。**要指出他人不希望看到的真相很容易，但是我們當中有多少人願意以同樣的標準來檢視自己的信念？去質疑那些我們想相信的事情，即使內心深處僅有一小塊在低語著，提醒我們還沒掌握到所有的事實？

批判思考的一項障礙是不斷湧現的確認偏差。若是你的資訊來源僅有一個，或是你發現自己對特定頻道的內容會有情緒反應，那可能就是要擴充你新聞來源的時候了。還記得在「二、四、六」實驗中的受試者嗎？他們之所以失敗是因為從未嘗試去驗證他們自認「已知」的事。我們絕對不能陷入那樣的狀態。這樣說並不是要鼓勵大家開始去收看假新聞，也不意味著我們有理由對新聞節目照單全收，不論是福克斯電視台還是CNN，以達到某種收看上的假平衡關係。但這確實意味著我們應該學習如何正確查核新聞來源，並自問如何「知道」所聽到的東西是假的。難道僅是因為這聽來讓我們抓狂？或是應當效法那批貝德利的五年級學生，以某種評量標準來衡量？尤其是當我們聽到原本就想相信的事情時，更需要學會對此抱持懷疑的態度。這正是科學教給我們的。

這世上並沒有自由派科學或保守派科學的分野。當我們問一個實徵問題時，最重要衡量標準應當是證據。正如參議員丹尼爾．派翠克．莫伊尼漢（Daniel Patrick Moynihan）很久以前（在談另一個議題時）所說的：「你有權發表自己的意見，但無權創造自己的事實。」科學的強項在於其所秉持的態度，這會幫助我們不斷地根據經驗證據來檢驗原有的想法，並且在了解事實後，改變這些想法。我們可以許下誓言，承諾日後帶一點這樣的態度來衡量其他事實嗎？若做不到這一點，我擔心日後恐怕會有比後真相更大的危機降臨。

我們即將進入前真相時代嗎？

最近茹絲．馬庫斯（Ruth Marcus）在《華盛頓郵報》的一篇文章中流露出比平時更多的擔憂，這主要是因為川普在接受《時代》雜誌採訪時的談話。[16] 在那次採訪中，川普說了各式各樣讓事實查核員抓狂的事。[17]《華盛頓郵報》稱他是謊話連篇的「皮諾丘」，《紐約時報》和其他新聞媒體也譴責他的不實言論（或謊言）。[18] 但讓馬庫斯擔心的不只是川普的惡意扯謊。

在那次的採訪中，川普說：「我是非常相信自己直覺的人，而事實證明我的直覺都是正確的。」他這種說法好像是在說，就算他講的某些內容與事實不符，沒有根據，但仍然是真的。而就這句話來看，他的意思似乎不是在說證據確實存在，而是說他是唯一看過證據的人。他似乎覺得當他相信某件事情時，不知何故就能讓這件事成真。川普說這話的口氣好像是他具有改變現實的力量，而不僅是喜愛做準確的預言而已。正如馬庫斯所言：「就算他的主張不正確，也沒有什麼好擔心的。川普總統會找到讓其成真的方法，或至少聲稱確有其事。」[19]

例如，在二〇一七年二月十一日的一次集會上，川普語焉不詳地提到「昨晚瑞典發生的事」，這讓瑞典人民感到十分困惑。就他們所知，前一天晚上沒發生什麼大事。最後才弄清楚原來川普講的是他在福克斯新聞上看到的一則關於瑞典移民的報導，並沒有真的發生什麼重大事故。然後兩天後，也許是因為川普放大了這個議題，在斯德哥爾摩的一個移民社區出現暴動。在《時代》的訪談中，川普竟然對自己的「預言」洋洋得意：

> 瑞典。我說了嘛，每個人都瘋了。第二天他們就發生大規模暴動，有死傷和一堆問題……隔天在瑞典發生了一場可怕的恐怖暴動，你也看到了吧！[20]

但這是否意味著川普是「正確的」？當然不是。暴動不是「昨晚」發生的，也不是「大規模」，更沒有人死亡。但在川普的心中，這起事件證實了他的講法。

再舉一個例子：在二〇一七年三月四日凌晨，川普發推文說，在競選期間歐巴馬總統下令在川普大廈對他進行「竊聽」。（這次同樣很可能是川普對福克斯新聞報導的反應，並不能拿出任何證據。）但根據FBI、NSA和FISA，以及其他可靠消息來源的調查，都找不到任何相關證據。然後到了三月二十四日，眾議院情報委員會的共和黨眾議員德溫．努內斯（Devin Nunes）召開記者會，說他剛剛向總統進行簡報，提到他從機密來源得知的一些關於川普監聽案的不安事實。但事後發現，那些「事實」是川普的兩名助理在前一天晚上提供給努內斯。當國會和媒體對此感到厭倦之際，最終得知原來是川普的一些助理在俄羅斯官員的例行情報收集行動中偶然遭到監視。（目前尚未確定川普助理與那些俄羅斯官員交談的內容。）但川普卻將這個當成證據，以此證明他先前的主張是對的。他說：「所以這表示我是對的，」而且他說他覺得自己的話獲得「證實」。他在事前根本無法得知這一切，但川普還是覺得這是自己的功勞，不過這裡的問題是，這種意外收聽的電話能算是對他的「監聽」嗎？更不用說他還把當時的歐巴馬總統扯進來。

這一切到底是怎麼回事？

在馬庫斯的文章中，還提到「這不僅僅是川普拒絕接受現實，而是他依照自己的意志來扭曲事實。」《衛報》也對川普的《時代》訪談進行分析，其結論更為廣泛：

> 在川普的論調中，真理／真相與事實無關……真實的陳述不見得能詳實說明在世界上發生的事件。它們僅是提供理論上可能發生的某件事的近似狀況，或是誇張的預測。那天夜晚在瑞典是否真的發生如川普總統所說的恐攻根本不重要。我們也不應在乎那場暴動是否規模很大，或是造成死傷。八九不離十或差不多就夠好了。
>
> 在川普的談話中，信念是真理／真相的訊號。如果他的支持者相信他，那麼川普所說的必定是真的。同樣地，若是他的批評者不相信他，這也證明他所說的必定是真的。
>
> 最後一點，川普談的是種買賣交易，沒有給予真理／真相一獨立的價值。言談的價值完全根據其效力來衡量。若是一個陳述能讓人更靠近其目標，就是有價值的；反之，就毫無價值。因此，有價值的陳述因為能增進利益，就是對的，達不到這種成效的陳述毫無價值，因此是錯的。[21]

這算是後真相嗎？還是其他的什麼？這只是「客觀事實在形塑（信仰）上沒有動之以情來得有影響力」的一個例子嗎？或是更接近於妄想的程度？當馬庫斯談到「前真相」時，她似乎是在指另一種情況，即川普不僅在事情發生前就相信自己已經掌握到事實，他還相信他的信念可以讓事情發生。[22]而且這不是基於他能夠拿得出來的證據，而是一種感覺，一種他可以憑直覺看到未來，甚至控制未來或是過去的感覺。心理學家稱此為異想（magical thinking）。

這真的值得擔心嗎？還是這只是某些人的正常反應，他們的行事作風就只是根據一想法、事件或資訊是否讓他開心，正如川普一再發的那則「所有負面的民意調查都是假新聞」的推文。但是確實有人對此感到擔心，因為這樣的態度意味著不是要更進一步操弄人，使其否認現實，再不然就是完全脫離現實。

我不會以自己能夠預見未來而讓自己開心。但是可以預見的是，當我們背離真理／真相時，便與現實脫節。後真相的後果將會在不知不覺中影響到每一個人，就好比佛羅里德州科勒爾蓋布爾斯這個例子，無論當地居民相不相信，海平面都會繼續上漲。我們也許能夠用滿嘴廢話來唬弄他人（或自己）一陣子，而且不會惹上麻煩，但到最後我們將為此付出代價，承擔自認可以創造自己的現實的後果。

一九八六年一月二十八日，太空船《挑戰者號》從佛羅里達州卡納維拉爾角發射後七十三秒就在空中爆炸，機組人員全數罹難。製造這艘太空船的科學非常嚴謹，而且這也不是它的首航。在這場災難後，雷根總統召集一批傑出科學家和太空人，組成一個特別委員會，調查爆炸的原因。在調查過程中，他們發現儘管工程部分沒問題，但之前工程師曾對於太空船的橡膠O型圈有疑慮，擔心無法抵禦低溫，有可能因此變型，因此當時曾建議不要在零度以下的天候發射太空船。一月二十八日那天，佛羅里達州異常的冷。那麼，為什麼會排在那天發射呢？因為行政高層已經做了決定，完全無視一些ＮＡＳＡ工程師的反對。

O型圈的問題因為該委員會的成員，同時也是諾貝爾物理獎得主理查・費曼（Richard Feynman）而鬧得沸沸揚揚，他在一場公開聽證會將O形圈丟到桌上的一盆冰水中。事實就是事實。再多的巧言辭令、謊言、胡說八道，或是讓人開心的談話都不足以與之抗衡。太空船墜毀後，再也沒有人關心那些自以為可以控制現實的ＮＡＳＡ官員的本能或直覺。不久之後，費曼對此發表一份聲，當中提到：「一項科技要成功，在考量時必須以現實為重，超越一切的公共關係，因為大自然是不會被愚弄的。」[23]

無論這稱之為後真相還是前真相，忽視現實就是危險的。而這就是這裡所談的重點。**後真相的危險不僅在於放任我們以觀點和感覺來塑造對事實和真相的認識，而且這樣做還會讓我們陷入脫離現實的風險中**。

但還有另一條途徑可走。

除非我們願意，否則我們既不會進入後真相，也不會進入前真相。後真相並不關乎現實，而是關於人對現實的反應。一旦我們意識到自身的認知偏差，就等於是處在上風，得以伺機擺脫。如果我們想要有更好的新聞媒體，那就去支持優質媒體。如果發現有人說謊，可以選擇是否要相信，並且加以挑戰。**在這個有人試圖遮蓋我們眼睛的世界，仍是由我們來決定要如何應對。一如過往，真理／真相仍然很重要。我們能否及時理解這一點，也是取決於我們自身。**

謝辭

我要感謝幾個人，他們對本書的貢獻卓著。首先是我的妻子約瑟芬，她一直在身邊支持我的想法，一心期待我去做我所相信值得做的事。她的建議幫我把這本書變得更好。我很幸運，有一雙兒女，他們都和我一樣熱愛哲學，他們也對本書的草稿提供評論。我很感謝路易莎和詹姆斯，幫我改善本書的行文用字與內容。

我要特別感謝安迪・諾曼（Andy Norman）和裘恩・哈潑（Jon Haber）這兩位友人，他們對此書提出許多意見和批評，對我這項寫書計畫影響甚多。當然，他們無需為最後的定稿負責，但他們對論點和觀念的真誠熱愛提供我許多靈感，因此我想把這本書獻給他們。朱莉亞・羅賓森（Julia Robinson）對本書草稿提出精闢的評論，而在我最初構思本書時，戴安娜・羅德里格斯（Diana Rodriguez）則擔任我優秀的辯論夥伴。和布萊恩・巴拉什（Bryan Barash）的即時交流，幫我完成書中假新聞的部分。我在此感謝他們。

我很幸運有三位優秀的審查委員來檢視本書，由於他們都是匿名的，所以我只能在這裡一併表達謝意，他們每個人都提出了重要的評論，幫助我修改最終的草稿。

最後，我非常感謝我的編輯菲爾・洛夫林（Phil Laughlin），要是沒有他的遠見和指導，絕對不會有這寫書計畫。我也感謝所有麻省理工出版社的其他專業人員，我很自豪能由他們出版這本書。從編輯、設計、行銷到宣傳，一直以來和他們的合作都很愉快，特別是現在這本書，已經是我和他們合作的第三本。在這裡，我要特別感謝的文稿編輯朱迪思・費爾德曼（Judith Feldmann）在時間緊迫的寫書計畫中及時拯救我許多的不當錯誤。

我知道這本書會取悅某些人，也會激怒其他人。對此，以及所有本書其他的錯誤，都由我一人全權負責。

詞彙表

另類事實（**Alternative Facts，或稱：替代事實**）

用以挑戰那些描述事實，但與自己偏愛的信念相反的敘事。

逆火效應（**Backfire Effect**）

一種心理現象，在呈現真實資訊給那些抱持錯誤信念的人看時所產生的一種適得其反的效果，讓他們更加堅決原本的信念。

認知失調（**Cognitive Dissonance**）

同時相信相互衝突的兩件事所造成的心理緊張狀態。

確認偏差（**Confirmation Bias**）

較為看重能夠確認我們既有信念的資訊的傾向。

達克效應（**Dunning-Kruger Effect**）

由於能力不足導致高估自己實際技能的心理現象。

假新聞（**Fake News**）
故意假造看似新聞的資訊，以產生政治效應。

假平衡（**False Equivalence**）
暗示兩種觀點具有相等的價值，即便其中一個顯然比較接近真相。常見於為了避免受到具有黨派偏見指責的媒體報導。

資訊孤島（**Information Silo**）
傾向於從能夠加強我們信念的資訊中尋找資訊，並且切斷那些與自身信念不符的資訊來源。

動機推理（**Motivated Reasoning**）
尋找支持意欲相信的資訊的傾向。

後現代主義（**Postmodernism**）
與藝術、建築、音樂或文學運動相關的一套思想體系，貶低客觀真理以及政治中立評斷框架等概念。

後真相（**Post-Truth**）
為了現實的政治附屬目的，認為感覺比事實更正確。

權威媒體（**Prestige Press**）
在美國的「主流」報紙，通常是指《紐約時報》、《華爾街日報》、《華盛頓郵報》和《洛杉磯時報》。

注釋

第一章

1 See Ashley Parker, "Donald Trump, Slipping in Polls, Warns of 'Stolen Election,'" *New York Times*, Oct. 13, 2016, https://www.nytimes.com/2016/10/14/us/politics/trump-election-rigging.html. 請注意「後真相」獲選為年度詞彙是早於美國總統大選前，是因應當年六月份的英國脫歐公投（Brexit）與川普在同年七月獲得共和黨提名期間這個詞的用量激增的緣故。Amy B. Want, "'Post-Truth' named 2016 Word of the Year by Oxford Dictionaries," *Washington Post*, Nov. 16, 2016, https://www.washingtonpost.com/news/the-fix/wp/2016/11/16/post-truth-named-2016-word-of-the-year-by-oxford-dictionaries/?utm_term=.ff63c5e994c2.

2 See Michael D. Shear and Emmarie Huetteman, "Trump Repeats Lie about Popular Vote in Meeting with Lawmakers," *New York Times*, Jan. 23, 2017, https://www.nytimes.com/2017/01/23/us/politics/donald-trump-congress-democrats.html; Andy Greenberg, "A Timeline of Trump's Strange, Contradictory Statements on Russian Hacking," *Wired*, Jan. 4, 2017, https://www.wired.com/2017/01/timeline-trumps-strange-contradictory-state ments-russian-hacking/.

3 Scottie Nell Hughes on *The Diane Rehm Show*, National Public Radio, Nov. 30, 2016, http://talkingpointsmemo.com/livewire/scottie-nell-hughes-there-are-no-more-facts.

4 See William Cummings, "Trump Falsely Claims Biggest Electoral Win since Reagan," *USA Today*, Feb. 16, 2017, https://www.usatoday.com/story/news/politics/onpolitics/2017/02/16/trump-falsely-claims-biggest-electoral-win-since-reagan/98002648/; Elle Hunt, "Trump's Inauguration Crowd: Sean Spicer's Claims versus the Evidence," *Guardian*, Jan. 22, 2017, https://www.theguardian.com/us-news/2017/jan/22/trump-inauguration-crowd-sean-spicers-claims-versus-the-evidence; S. V. Date, "Of Course the CIA Gave Trump Standing Ovations: He Never Let Them Sit," *Huffington Post*, Jan. 23, 2017, http://www.huffingtonpost.com/entry/trump-cia-ovations_us_58866825e4b0e3a7356b183f; Jeremy Diamond, "Trump Falsely Claims US Murder Rate Is 'Highest' in 47 Years," CNN.com, http://www.cnn.com/2017/02/07/politics/donald-trump-murder-rate-fact-check/index.html.

5 http://transcripts.cnn.com/TRANSCRIPTS/1607/22/nday.06.html.

6 得知後真相被選為二〇一六年度字彙時，史蒂芬・科爾伯特（Stephen Colbert）表示他對此處於「前憤怒」（pre-enraged）狀態，首先是「因為後真相（post-truth）其實是兩個字，而且只有弱者才會使用英文中的連字號。再來後真相顯然是脫胎於我在二〇〇六年創的感實性（truthiness）這個詞彙。」http://www.complex.com/pop-culture/2016/11/stephen-colbert-oxford-dictionary-post-truth-truthiness-rip-off.

7 Jon Henley, "Why Vote Leave's £350m Weekly EU Cost Claim Is Wrong," *Guardian*, June 10, 2016, https://www.theguardian.com/politics/reality-check/2016/may/23/does-the-eu-really-cost-the-uk-350m-a-week.

8 Eric Bradner, "Conway: Trump White House Offered 'Alternative Facts' on Crowd Size," CNN.com, Jan. 23, 2017, http://www.cnn.com/2017/01/22/poli tics/kellyanne-conway-alternative-facts/index.html.

9 Aristotle, *Metaphysics*, 1011b25.

10 對研究知識理論，即知識學（epistemology）這個有趣的學科感興趣的人，也許最好的入門書是Harry Frankfurt那本深入淺出的*On Truth* (New York: Knopf, 2006)。要了解更多關於真理理論，或可參見：Frederick F. Schmitt, ed., *Theories of Truth* (New York: Wiley-Blackwell, 2003).

11 Shear and Huetteman, "Trump Repeats Lie," https://www.nytimes.com/2017/01/23/us/politics/donald-trump-congress-democrats.html. 亦可參見兩天後關於這項里程碑的報導：Dan Barry, "In a Swirl of 'Untruths' and 'Falsehoods,' Calling a Lie a Lie," *New York Times*, Jan. 25, 2017, https://www.nytimes.com/2017/01/25/business/media/donald-trump-lie-media.html. 不過這並不是《紐約時報》第一次指稱川普說謊，參見"'New York Times' Editor: 'We Owed It to Our Readers' to Call Trump Claims Lies," NPR.org, http://www.npr.org/2016/09/22/494919548/new-york-times-editor-we-owed-it-to-our-readers-to-call-trump-claims-lies.

12 Sarah Boseley, "Mbeki AIDS Denial 'Caused 300,000 Deaths,'" *Guardian*, Nov. 26, 2008, https://www.theguardian.com/world/2008/nov/26/aids-south-africa.

13 Louise Jacobson, "Yes Donald Trump Did Call Climate Change a Chinese Hoax," *Politifact*, June 3, 2016, http://www.politifact.com/truth-o-meter/statements/2016/jun/03/hillary-clinton/yes-donald-trump-did-call-climate-change-chinese-h/.

14 參議員泰德・克魯茲（Ted Cruz）大力推動這樣的主張，他表示NOAA本身的資料顯示根本沒有氣候變遷這回事，但他引用的資料早已被更正，參見：Chris Mooney, "Ted Cruz's Favorite Argument about Climate Change Just Got Weaker," *Washington Post*, March 7, 2016, https://www.washingtonpost.com/news/energy-environment/wp/2016/03/07/ted-cruzs-favorite-argument-about-climate-change-just-got-weaker/?utm_term=.fb8b15b68e30.

15 新聞發言人西恩・史派塞（Sean Spicer）在二〇一七年三月提到失業率為四・七%時就是一個明顯的例子。當記者對此質疑，表示川普過去曾認為這是「偽造」的統計數據（因為這些數據當時對歐巴馬有利），史派塞笑著回答，川普告訴他，如果有人問這個問題，他可以說這些統計數據在「過去可能是假的，但現在已經很真實。」Lauren Thomas, "White House's Spicer: Trump Says Jobs Report 'May Have Been Phony in the Past, But It's Very Real Now," *CNBC.com*, March 10, 2017, http://www.cnbc.com/2017/03/10/white-houses-spicer-trump-says-jobs-report-may-have-been-phony-in-the-past-but-its-very-real-now.html.

16 Lee McIntyre, *Respecting Truth: Willful Ignorance in the Internet Age* (New York: Routledge, 2015).

第二章

1 湯姆・尼可斯（Tom Nichols）在他的最新著作《專業之死》（*The Death of Expertise*, New York: Oxford University Press, 2017）一書中解釋，這來自於一種日益普遍的現象，外行人越來越有意願去挑戰專家。在最近一次接受電台採訪時，他生動地呈現出這一點，就是以他切身經驗，當有人發現他是研究俄羅斯的權威時，經常會出現這樣的對話。「您很了解俄羅斯？很好！那讓我來跟你解釋一下俄羅斯。」"One National Security Professor Alarmed by 'The Death of Expertise,'" WBUR.org, http://www.wbur.org/hereandnow/2017/03/13/expertise-death-tom-nichols.

2 McIntyre, *Respecting Truth*, 8–9.

3 必須要了解，科學上的確認並不是一種「全有全無」的現象。確認是可以有等級的，可透過理論與證據的相符程度來評估，或是與先驗概率相比。其中一種方法是貝氏推論（Bayesian inference），但也有其他方法。基於此，即使嚴格來說科學無法「駁斥」另類理論，也可以加以排除，而這僅是因為它們完全不可能是真的。

4 同樣地，這裡的重點在於，就證據而言，在科學上某些理論會比其他理論更可信。要一人必須「證明」一種經驗理論才認為相信它是合理的，這在邏輯上是個荒謬的標準。

5 James Hansen, *Storms of My Grandchildren* (New York: Bloomsbury, 2011); James Hoggan, *Climate Cover-Up: The Crusade to Deny Global Warming* (Vancouver: Greystone, 2009); Chris Mooney, *The Republican War on Science* (New York: Basic Books, 2005).

6 Ari Rabin-Havt, *Lies, Incorporated: The World of Post-Truth Politics* (New York: Anchor Books, 2016).

7 Naomi Oreskes and Erik Conway, *Merchants of Doubt: How a Handful of Scientists Obscured the Truth on Issues from Tobacco Smoke to Global Warming* (New York: Bloomsbury, 2010). Note that in 1964 the TIRC was succeeded by the Council for Tobacco Research.

8 Oreskes and Conway, *Merchants of Doubt*, 14–16; Rabin-Havt, *Lies, Incorporated*, 23–25.

9 相關性不等同於因果關係，這是統計推理的基礎。無論相關度有多高，都無法由此推斷某件事必定會引起另一件事。然後我們回到「證明」的問題上。高度相關性無疑會增加兩個變數有因果關係的可能性，但是在處理實徵事物時，還會有其他的疑點因素。欲深入了解，有本很好的書：Ronald Giere, *Understanding Scientific Reasoning* (New York: Harcourt, 1991).

10 Rabin-Havt, *Lies, Incorporated*, 26–27; see also Oreskes and Conway, *Merchants of Doubt*, 16.

11 Oreskes and Conway, *Merchants of Doubt*, 15, 33.

12 Ibid., 168.

13 Ibid., 34.

14 Ibid., 35.

15 Rabin-Havt, *Lies, Incorporated*, 7.

16 Oreskes and Conway, *Merchants of Doubt*, 234.

17 二〇一二年哈特蘭的募款計畫在媒體上曝光，不過他們對某些文件的真實性提出質疑，見：,Richard Littlemore, “Heartland Insider Exposes Institute’s Budget and Strategy,” *Desmog*, Feb. 14, 2012, https://www.desmogblog.com/heartland-insider-exposes-institute-s-budget-and-strategy; https://s3.amazonaws.com/s3.documentcloud.org/documents/292934/1-15-2012-2012-fundraising-plan.pdf; Suzanne Goldenberg, “Leak Exposes How Heartland Institute Works to Undermine Climate Science,” *Guardian*, Feb. 14, 2012, https://www.theguardian.com/

environment/2012/feb/15/leak-exposes-heartland-institute-climate.

18 Juliet Eilperin, "Climate Skeptics Target State Energy Laws, Including Maine's," *Bangor Daily News*, Nov. 25, 2012, http://bangordailynews.com/2012/11/25/politics/climate-skeptics-target-state-energy-laws-including-maines/.

19 Though there is some question in the media lately over whether Exxon-Mobil has actually followed through on this pledge. Alexander Kaufman, "Exxon Continued Paying Millions to Climate-Change Deniers under Rex Tillerson," *Huffington Post*, Jan. 9, 2017, http://www.huffingtonpost.com/entry/tillerson-exxon-climate-donations_us_5873a3f4e4b043ad97e48f52.

20 Steve Coll, *Private Empire: ExxonMobil and American Power* (New York: Penguin, 2012); "ExxonMobil: A 'Private Empire' on the World Stage," NPR.org, May 2, 2012, http://www.npr.org/2012/05/02/151842205/exxonmobil-a-private-empire-on-the-world-stage.

21 https://www.heartland.org/Center-Climate-Environment/index.html.

22 Justin Gillis and Leslie Kaufman, "Leak Offers Glimpse of Campaign against Climate Science," *New York Times*, Feb. 15, 2012, http://www.nytimes.com/2012/02/16/science/earth/in-heartland-institute-leak-a-plan-to-dis credit-climate-teaching.html.

23 Rabin-Havt, *Lies, Incorporated*, 42.

24 Ibid., 38.

25 Mooney, *The Republican War on Science*, 81.

26 https://www.desmogblog.com/2012/11/15/why-climate-deniers-have-no-credibility-science-one-pie-chart.

27 Rabin-Havt, *Lies, Incorporated*, 40. 那剩下的三%呢？後來的調查發現，在所有的那些認為氣候變遷不存在的研究中都有方法學上的錯誤。Dana Nuccitelli, “Here’s What Happens When You Try to Replicate Climate Contrarian Studies,” *Guardian*, Aug. 25, 2015, https://www.theguardian.com/environment/climate-consensus-97-per-cent/2015/aug/25/heres-what-happens-when-you-try-to-replicate-climate-contrarian-papers.

28 http://www.pewinternet.org/2016/10/04/the-politics-of-climate/.

29 Rabin-Havt, *Lies, Incorporated*, 34.

30 John H. Cushman Jr., “Industrial Group Plans to Battle Climate Treaty,” *New York Times*, April 26, 1998, http://www.nytimes.com/1998/04/26/us/industrial-group-plans-to-battle-climate-treaty.html.

31 這段引用材料已經不在其原始網站(http://www.euronet.nl/users/e_wesker/ew@shell/API-prop.html)，不過在其他幾份發表的著作中可見到，例如：James Hoggan and Richard Littlemore, *Climate Cover-Up: The Crusade to Deny Global Warming* (Vancouver: Greystone, 2009), 43.

32 有證據顯示這已經發生，也許現在正以菸草策略來處理謀殺率的問題。儘管專家一致認為謀殺率接近歷史新低，但民調卻顯示越來越多的公眾認為謀殺率很高。Tristan Bridges, “There’s an Intriguing Sociological Reason So Many Americans Are Ignoring Facts Lately,” *Business Insider*, Feb. 27, 2017, http://www.businessinsider.com/sociology-alternative-facts-2017-2.

第三章

1 更多關於納入合理信念方法的想法，請參見：W. V. O. Quine and J. S. Ullian, *The Web of Belief* (New York: McGraw Hill, 1978).

2 Solomon Asch, "Opinions and Social Pressure," *Scientific American*, Nov. 1955, 3, http://kosmicki.com/102/Asch1955.pdf.

3 對那些還不知道的人，確認偏差就是我們只尋找符合我們原本信念的資訊。

4 P. C. Wason, "On the Failure to Eliminate Hypotheses in a Conceptual Task," *Quarterly Journal of Experimental Psychology* 12 (1960): 129–140, http://web.mit.edu/curhan/www/docs/Articles/biases/12_Quarterly_J_Experimental_Psychology_129_(Wason).pdf.

5 在這本有趣的書：*Thinking Fast and Slow* (New York: Farrar, Straus & Giroux, 2011)，Daniel Kahneman總結他一生在這些議題上的探究，給予詳盡的定義，可讀性高。

6 See https://en.wikipedia.org/wiki/List_of_cognitive_biases.

7 Juliet Macur, "Why Do Fans Excuse the Patriots' Cheating Past?" *New York Times*, Feb. 5, 2017; David DeSteno and Piercarlo Valdesolo, "Manipulations of Emotional Context Shape Moral Judgment," *Psychological Science* 17, no. 6 (2006): 476–477.

8 Drew Westen et al., "Neural Bases of Motivated Reasoning: An fMRI Study of Emotional Constraints on Partisan Political Judgment in the 2004 U.S. Presidential Election," *Journal of Cognitive Neuroscience* 18, no. 11 (November

2006): 1947–1958.

9 Brendan Nyhan and Jason Reifler, "When Corrections Fail: The Persistence of Political Misperceptions," *Political Behavior* 32, no. 2 (June 2010): 303–330, https://www.dartmouth.edu/~nyhan/nyhan-reifler.pdf.

10 Ibid.

11 Tristan Bridges, "There's an Intriguing Reason so Many Americans Are Ignoring Facts Lately," *Business Insider* (Feb. 27, 2017), http://www.business insider.com/sociology-alternative-facts-2017-2.

12 David Redlawsk et al. "The Affective Tipping Point: Do Motivated Reasoners Ever 'Get It'?" http://rci.rutgers.edu/~redlawsk/papers/A%20Tipping%20Point%20Final%20Version.pdf. 更深入的神經學研究則顯示我們的大腦會以不同的區塊來處理「相互矛盾」的資訊，請參見Jonas Kaplan, Sarah Gimbel, and Sam Harris, "Neural Correlates of Maintaining One's Political Beliefs in the Face of Counterevidence," *Scientific Reports 6,* http://www.nature.com/articles/srep39589.

13 Justin Kruger and David Dunning, "Unskilled and Unaware of It: How Difficulties in Recognizing One's Own Incompetence Lead to Inflated Self-Assessments," *Journal of Personality and Social Psychology* 77, no. 6 (1999): 1121, http://psych.colorado.edu/~vanboven/teaching/p7536_heur bias/p7536_readings/kruger_dunning.pdf.

14 Ibid., 1125.

15 Natalie Wolchover, "Incompetent People Too Ignorant to Know It," *Live Science*, Feb. 27, 2012, http://www.livescience.com/18678-incompetent-people-ignorant.html.

16 Ted Barrett, "Inhofe Brings Snowball on Senate Floor as Evidence Globe Is Not Warming," CNN.com, Feb. 27, 2015, http://www.cnn.com/2015/02/26/politics/james-inhofe-snowball-climate-change/index.html; https://www.facebook.com/cnn/videos/10154213275786509. 有些人已經開始稱唐納・川普為「達克」總統，見：Jessica Pressler, "Donald Trump, the Dunning–Kruger President," *NYmag.com*, Jan. 9, 2017, http://nymag.com/scienceofus/2017/01/why-donald-trump-will-be-the-dunning-kruger-president.html.

17 目前學界就這主題有相當激烈的辯論，見：Hugo Mercier and Daniel Sperber, "Why Do Humans Reason? Arguments for an Argumentative Theory," *Behavioral and Brain Sciences* 34, no. 2 (2011): 57– 111. I discuss this debate in chapter 2 of my *Respecting Truth*.

18 Daniel Fessler et al., "Political Orientation Predicts Credulity Regarding Putative Hazards," http://www.danielmtfessler.com/wp-content/uploads/2013/12/Fessler-et-al-in-press-Political-Orientation-Credulity.pdf.

19 Olga Khazan, "Why Fake News Targeted Trump Supporters," *Atlantic*, Feb. 2, 2017, https://www.theatlantic.com/science/archive/2017/02/why-fake-news-targeted-trump-supporters/515433.

20 Ryota Kanai et al., "Political Orientations Are Correlated with Brain Structure in Young Adults," *Current Biology* 21, no. 8 (April 26, 2011): 677–680, https://www.ncbi.nlm.nih.gov/pmc/articles/PMC3092984/.

21 Melissa Healy, "Why Conservatives Are More Likely Than Liberals to Believe False Information about Threats," *Los Angeles Times*, Feb. 2, 2017, http://www.latimes.com/science/sciencenow/la-sci-sn-conservative-believe-false-threats-20170202-story.html.

22 Ibid.

23 Cass Sunstein, *Infotopia: How Many Minds Produce Knowledge* (Oxford: Oxford University Press, 2006).

24 重要的是要注意，這不是由「房間裡最聰明的人」現象造成的，在這種現象中有一個人想出答案，並告訴整個小組。而且，這也不僅是靠被動多數意見的「群眾智慧」效應。這種效應只有在小組成員有互動時才會出現。

25 Khazan, "Why Fake News Targeted Trump Supporters," https://www.theatlantic.com/science/archive/2017/02/why-fake-news-targeted-trump-supporters/515433/; Christopher Ingraham, "Why Conservatives Might Be More Likely to Fall for Fake News," *Washington Post*, Dec. 7, 2016, https://www.washingtonpost.com/news/wonk/wp/2016/12/07/why-conservatives-might-be-more-likely-to-fall-for-fake-news/?utm_term=.eab87fe90c63.

第四章

1 "Sixty Years of Daily Newspapers Circulation Trends," May 6, 2011, http://media-cmi.com/downloads/Sixty_Years_Daily_Newspaper_Circulation_Trends_050611.pdf.

2 或是另一位在一九七六年加入ABC News擔任共同主播的芭芭拉·華特絲（Barbara Walters）。

3 David Halberstam, *The Powers That Be* (Urbana: University of Illinois Press, 2000), xi.

4 Ted Koppel, "Olbermann, O'Reilly and the Death of Real News," *Washington Post*, Nov. 14, 2010, http://www.washingtonpost.com/wp-dyn/content/article/2010/11/12/AR2010111202857.html.

5 Ibid., 2. See also Marc Gunther, "The Transformation of Network News," *Nieman Reports*, June 15, 1999, http://niemanreports.org/articles/the-trans formation-of-network-news/: "〔ABC News的總裁魯恩・艾歷奇（Roone Arledge）〕看不出為何不能以新聞節目獲利；但從一九八六年GE推出網路以來就擔任NBC首席執行長的鮑伯・萊特（Bob Wright）則表示：「我就任時，新聞部門正在賠錢，但大家都認為這是可以接受的。」

6 Nichols, *The Death of Expertise: The Campaign against Established Knowledge and Why It Matters* (Oxford: Oxford University Press, 2017), 149–150.

7 Sandra Salmans, "Television's 'Bad Boy' Makes Good," *New York Times*, Aug. 14, 1983, http://www.nytimes.com/1983/08/14/business/television-s-bad-boy-makes-good.html?pagewanted=all.

8 http://www.pophistorydig.com/topics/ted-turner-cnn-1980s-1990s/.

9 Nichols, *The Death of Expertise*, 146.

10 Ibid.

11 Ibid., 153.

12 Jack Mirkinson, "Fox News Execs Squashed Talk of Gun Control after Newtown Massacre: Report," *Huffington Post*, Dec. 17, 2012, http://www.huff ingtonpost.com/2012/12/17/fox-news-gun-control-sandy-hook-newtown_n_2318431.html.

13 Cenk Uygur, "Will John Moody Be Forced Out of Fox Like Dan Rather from CBS?" *Huffington Post*, Nov. 15, 2006, http://www.huffingtonpost.com/cenk-uygur/will-john-moody-be-forced_b_34162.html.

14 Shauna Theel, Max Greenberg, and Denise Robbins, "Study: Media Sowed Doubt in Coverage of UN Climate Report," *Media Matters*, Oct. 10, 2013, https://mediamatters.org/research/2013/10/10/study-media-sowed-doubt-in-coverage-of-un-clima/196387.

15 http://www.stateofthemedia.org/2005/cable-tv-intro/content-analysis/.

16 http://publicmind.fdu.edu/2011/knowless/.

17 Koppel, "Olbermann, O'Reilly and the Death of Real News."

18 Daniel Politi, "Watch Ted Koppel Tell Sean Hannity He's Bad for America, *Slate*, March 26, 2017, http://www.slate.com/blogs/the_slatest/2017/03/26/watch_ted_koppel_tell_sean_hannity_he_s_bad_for_america.html.

19 MSNBC則以一〇%居於末位，引用自Nichols, *The Death of Expertise*, 155–156.

20 http://transcripts.cnn.com/TRANSCRIPTS/0410/15/cf.01.html.

21 Stephen Marche, "The Left Has a Post-Truth Problem Too: It's Called Comedy," *Los Angeles Times*, Jan. 6, 2017, http://www.latimes.com/opinion/op-ed/la-oe-marche-left-fake-news-problem-comedy-20170106-story.html.

22 Ibid.

23 Ibid.

24 "The White House and the Green House," *New York Times*, May 9, 1989, http://www.nytimes.com/1989/05/09/opinion/the-white-house-and-the-greenhouse.html.

25 James Hansen, "The Threat to the Planet," *New York Review of Books*, July 13, 2006, http://www.nybooks.com/

articles/2006/07/13/the-threat-to-the-planet/.

26 Brent Cunningham, "Rethinking Objectivity," *Columbia Journalism Review*, July–August 2003, http://archives.cjr.org/feature/rethinking_object ivity.php.

27 Donald Trump with Tony Schwartz, *The Art of the Deal* (New York: Random House, 1992).

28 Steven Salzberg, "Anti-Vaccine Movement Causes Worst Measles Epidemic in 20 Years," Forbes.com, Feb. 1, 2015, https://www.forbes.com/sites/stevensalzberg/2015/02/01/anti-vaccine-movement-causes-worst-measles-epidemic-in-20-years/#27ce10b6069d.

29 Maxwell Boykoff and Jules Boykoff, "Balance as Bias: Global Warming and the US Prestige Press," *Global Environmental Change* 14 (2004): 125–136, http://sciencepolicy.colorado.edu/admin/publication_files/2004.33.pdf.

30 Ibid., 127.

31 Ibid.

32 Ibid., 129.

33 Ibid., 129.

34 Ibid.

35 關於這點有不少好的新聞。自從川普當選以來，*New York Times*、*Los Angeles Times*和*Washington Post*的訂閱量都增加了。*Washington Post*在二〇一六年十二月宣布將增加六十個新聞部的職位。Laurel Wamsley, "Big Newspapers Are Booming: 'Washington Post' to Add 60 Newsroom Jobs," NPR.org, http://www.npr.org/sections/

thetwo-way/2016/12/27/507140760/big-newspapers-are-booming-washington-post-to-add-sixty-newsroom-jobs.
36 Julie Hirschfeld Davis and Matthew Rosenberg, "With False Claims, Trump Attacks Media on Turnout and Intelligence Rift," *New York Times*, Jan. 21, 2017, https://www.nytimes.com/2017/01/21/us/politics/trump-white-house-briefing-inauguration-crowd-size.html.
37 http://www.gallup.com/poll/195542/americans-trust-mass-media-sinks-new-low.aspx.
38 "Professor Makes List of Fake, Misleading News Sites You May Want to Avoid," CBS Boston, Nov. 16, 2016, http://boston.cbslocal.com/2016/11/16/fake-news-sites-websites-list-professor-merrimack-college-zimdars/.

第五章

1 Katharine Seelye, "Newspaper Circulation Falls Sharply," *New York Times*, Oct. 31, 2006, http://www.nytimes.com/2006/10/31/business/media/31paper.html.
2 Richard Perez-Pena, "Newspaper Circulation Continues to Decline Rapidly," *New York Times*, Oct. 27, 2008, http://www.nytimes.com/2008/10/28/busi ness/media/28circ.html.
3 Pew Research Center, "State of the News Media 2016: Newspapers Fact Sheet," June 15, 2016, http://www.journalism.org/2016/06/15/newspapers-fact-sheet/.
4 Lucinda Fleeson, "Bureau of Missing Bureaus," *American Journalism Review* (Oct.–Nov. 2003), http://ajrarchive.org/Article.asp?id=3409.

5 Paul Farhl, “One Billion Dollars Profit? Yes, the Campaign Has Been a Gusher for CNN,” *Washington Post*, Oct. 27, 2016, https://www.washingtonpost.com/lifestyle/style/one-billion-dollars-profit-yes-the-campaign-has-been-a-gusher-for-cnn/2016/10/27/1fc879e6-9c6f-11e6-9980-50913 d68eacb_story.html?utm_term=.c00743f7897c.

6 Ibid.

7 Brett Edkins, “Donald Trump’s Election Delivers Massive Ratings for Cable News,” *Forbes*, Dec. 1, 2016, https://www.forbes.com/sites/brettedkins/2016/12/01/donald-trumps-election-delivers-massive-ratings-for-cable-news/#3df398f5119e.

8 Neal Gabler, “Donald Trump Triggers a Media Civil War,” billmoyers.com, March 25, 2016, http://billmoyers.com/story/donald-trump-triggers-a-media-civil-war/.

9 Rantt Editorial Board, “The Media Helped Elect Donald Trump and They Need to Own Up to It,” rantt.com, Dec. 20, 2016, https://rantt.com/the-media-helped-elect-donald-trump-and-they-need-to-own-up-to-it-a33804e9cf1a.

10 Ibid.

11 Ibid.

12 Jeffrey Gottfried and Elisa Shearer, Pew Research Center, “News Use across Social Media Platforms 2016,” journalism.org, May 26, 2016, http://www.journalism.org/files/2016/05/PJ_2016.05.26_social-media-and-news_FINAL.pdf.

13 Ricardo Gandour, “Study: Decline of Traditional Media Feeds Polarization,” *Columbia Journalism Review*, Sept. 19,

2016, http://www.cjr.org/analy sis/media_polarization_journalism.php.

14 Jacob Soll, "The Long and Brutal History of Fake News," *Politico*, Dec. 18, 2016, http://www.politico.com/magazine/story/2016/12/fake-news-history-long-violent-214535.

15 Ibid.

16 Ibid.

17 Michael Schudson, *Discovering the News: A Social History of American Newspapers* (New York: Basic Books, 1981), 4. 請注意，關於「新聞」(news）這個概念的發明，索爾（Jacob Soll）對此有疑義。舒德森認為是在傑克森時代開始的，但索爾認為「新聞是在五百年前發明印刷術時就出現的概念」。

18 Ibid.

19 Ibid., 5.

20 Christopher Woolf, "Back in the 1890s, Fake News Helped Start a War," *Public Radio International*, Dec. 8, 2016, https://www.pri.org/stories/2016-12-08/long-and-tawdry-history-yellow-journalism-america.

21 Quotation by Joseph E. Wisan (1934), cited from Alexandra Samuel, "To Fix Fake News, Look to Yellow Journalism," *JSTOR Daily*, Nov. 29, 2016, https://daily.jstor.org/to-fix-fake-news-look-to-yellow-journalism/.

22 Soll, "The Long and Brutal History."

23 Woolf, "Back in the 1890s, Fake News Helped Start a War."

24 Schudson, *Discovering the News*, 5.

25 Soll, "The Long and Brutal History."

26 Jason Stanley, "The Truth about Post-Truth," *Ideas with Paul Kennedy*, Canadian Broadcasting Corporation Radio, April 17, 2017, http://www.cbc.ca/radio/ideas/the-truth-about-post-truth-1.3939958.

27 也許與撒謊相比擬有助於我們理解，假新聞之所以假，是因為背後有誤導人的意圖，而不僅是虛假的內容。但這定義確實引發一個問題：如果分享不實報導的人是真心相信他所傳的資訊時，該怎麼辦？這算是假新聞嗎？如果川普真心幻想自己確實贏得普選票，這樣就不算是傳播假新聞嗎？

28 Andrew Higgins et al., "Inside a Fake News Sausage Factory: 'This Is All About Income,'" *New York Times*, Nov. 25, 2016, https://www.nytimes.com/2016/11/25/world/europe/fake-news-donald-trump-hillary-clinton-georgia.html?_r=0.

29 Ibid.

30 Samantha Subramanian, "Inside the Macedonian Fake-News Complex," *Wired*, Feb. 15, 2017, https://www.wired.com/2017/02/veles-macedonia-fake-news/.

31 Scott Shane, "From Headline to Photograph, a Fake News Masterpiece," *New York Times*, Jan. 18, 2017, https://www.nytimes.com/2017/01/18/us/fake-news-hillary-clinton-cameron-harris.html.

32 Joe Marusak, "Fake News Author Is Fired; Apologizes to Those Who Are 'Disappointed' by His Actions," *Charlotte Observer*, Jan. 19, 2017, http://www.charlotteobserver.com/news/local/article127391619.html.

33 二〇一七年三月三十一日美國參議院的情報委員會宣布，將會調查關於「俄羅斯雇用至少一千位網路酸民在總統選舉期間散布假新聞，傷害民主黨候選人希拉蕊・柯林頓。http://www.huffingtonpost.com/entry/russian-trolls-fake-news_us_58dde6bae4b08194e3b8d5c4. 顯然他們有相當精密的計畫，能夠鎖定在民意搖擺不定的各州，如威斯康辛、密西根和賓州。http://www.independent.co.uk/news/world/americas/us-politics/russian-trolls-hilary-clinton-fake-news-election-demo crat-mark-warner-intelligence-committee-a7657641.html.

34 Sapna Maheshwari, "How Fake News Goes Viral: A Case Study," *New York Times*, Nov. 20, 2016, https://www.nytimes.com/2016/11/20/business/me dia/how-fake-news-spreads.html?_r=0.

35 "Man Opens Fire in Restaurant Targeted by Anti-Clinton 'Pizzagate' Fake News Conspiracy," CBS News, Dec. 4, 2016, http://www.cbsnews.com/news/police-man-with-assault-rifle-dc-comet-pizza-victim-of-fake-sex-trafficking-story/.

36 Craig Silverman, "This Analysis Shows How Viral Fake Election News Stories Outperformed Real News on Facebook," buzzfeed.com, Nov. 16, 2016, https://www.buzzfeed.com/craigsilverman/viral-fake-election-news-outper formed-real-news-on-facebook?utm_term=.lrJLPJLWV#.ssvv6Avgl.

37 "Duped by Fake News, Pakistan Defense Minister Makes Nuke Threat to Israel," yahoo.com, Dec. 26, 2016, https://www.yahoo.com/news/duped-fake-news-pakistan-minister-makes-nuke-threat-074808075.html.

38 Sam Kestenbaum, "Google 'Did the Holocaust Happen'—and a Neo-Nazi Site Is the Top Hit," forward.com, Dec. 13, 2016, http://forward.com/news/356923/google-did-the-holocaust-happen-and-a-neo-nazi-site-is-the-top-hit/.

39 Philip Bump, "Google's Top News Link for 'Final Election Results' Goes to a Fake News Site with False Numbers,"

Washington Post, Nov. 14, 2016, https://www.washingtonpost.com/news/the-fix/wp/2016/11/14/googles-top-news-link-for-final-election-results-goes-to-a-fake-news-site-with-false-numbers/?utm_term=.a75261b0dea8.

40 Danielle Kurtzleben, "With 'Fake News,' Trump Moves from Alternative Facts to Alternative Language," NPR.org, Feb. 17, 2017, http://www.npr.org/2017/02/17/515630467/with-fake-news-trump-moves-from-alterna tive-facts-to-alternative-language.

41 Jason Stanley, *How Propaganda Works* (Princeton, NJ: Princeton University Press, 2015).

42 "How Propaganda Works in the Age of Fake News," WBUR.org, Feb. 15, 2017, http://www.wbur.org/hereandnow/2017/02/15/how-propaganda-works-fake-news.

43 Much the same point is made by Julie Beck in her article "This Article Won't Change Your Mind," *Atlantic*, March 13, 2017, https://www.theatlantic.com/science/archive/2017/03/this-article-wont-change-your-mind/519093/.

44 Ron Suskind, "Faith, Certainty and the Presidency of George W. Bush," *New York Times Magazine*, Oct. 17, 2004, http://www.nytimes.com/2004/10/17/magazine/faith-certainty-and-the-presidency-of-george-w-bush.html?_r=0.

45 Hannah Arendt, *The Origins of Totalitarianism* (New York: Harcourt, Brace, 1951), 474.

46 Charles Simic, "Expendable America," *New York Review of Books*, Nov. 19, 2016, http://www.nybooks.com/daily/2016/11/19/trump-election-expendable-america/.

47 Timothy Snyder, *On Tyranny: Twenty Lessons from the 20th Century* (New York: Tim Duggan Books, 2017).

48 Sean Illing, "'Post-Truth Is Pre-Fascism': A Holocaust Historian on the Trump Era," *Vox*, March 9, 2017, http://

www.vox.com/conversations/2017/3/9/14838088/donald-trump-fascism-europe-history-totalitarianism-post-truth.

49 http://www.marketwatch.com/story/how-does-your-favorite-news-source-rate-on-the-truthiness-scale-consult-this-chart-2016-12-15.

50 Robinson Meyer, "The Rise of Progressive 'Fake News,'" *Atlantic*, Feb. 3, 2017, https://www.theatlantic.com/technology/archive/2017/02/viva-la-resistance-content/515532/; Sam Levin, "Fake News for Liberals: Misinformation Starts to Lean Left under Trump," *Guardian*, Feb. 6, 2017, https://www.theguardian.com/media/2017/feb/06/liberal-fake-news-shift-trump-standing-rock.

51 Katharine Viner, "How Technology Disrupted the Truth," *Guardian*, July 12, 2016, https://www.theguardian.com/media/2016/jul/12/how-tech nology-disrupted-the-truth.

52 Nick Wingfield et al., "Google and Facebook Take Aim at Fake News Sites," *New York Times*, Nov. 14, 2016, https://www.nytimes.com/2016/11/15/tech nology/google-will-ban-websites-that-host-fake-news-from-using-its-ad-service.html.

53 Ibid.

54 David Pierson, "Facebook Bans Fake News from Its Advertising Net-work—but not Its News Feed," *Los Angeles Times*, Nov. 15, 2016, http://www.latimes.com/business/la-fi-facebook-fake-news-20161115-story.html. 不過臉書在二〇一七年九月透露，他們賣了好幾千個廣告給一家和克林姆林宮有關聯的公司，他們試圖在二〇一六年的總統大選期間操縱選情。Scott Shane and Vindu Goel, "Fake Russian Face-book Accounts Bought $100,000 in

Political Ads," *New York Times*, Sept. 6, 2017, https://www.nytimes.com/2017/09/06/technology/facebook-russian-political-ads.html.

55 Pierson, "Facebook Bans Fake News."

56 臉書現在推出一個協助頁面，稱之為「遏阻假新聞的訣竅」（Tips to Spot False News）這確實有所幫助，但還是把查看假新聞的主要責任推給用戶。https://techcrunch.com/2017/04/06/facebook-puts-link-to-10-tips-for-spotting-false-news-atop-feed/.

57 Quoted in Meyer, "The Rise of Progressive 'Fake News,'" https://www.theatlantic.com/technology/archive/2017/02/viva-la-resistance-content/515532/.

58 Laurel Wamsley, "Big Newspapers Are Booming: 'Washington Post' to Add 60 Newsroom Jobs," NPR.org, Dec. 27, 2016, http://www.npr.org/sections/thetwo-way/2016/12/27/507140760/big-newspapers-are-booming-washington-post-to-add-sixty-newsroom-jobs.

59 Daniel J. Levitin, *Weaponized Lies: How to Think Critically in the Post-Truth Era* (New York: Dutton, 2017).

60 Scott Bedley, "I Taught My 5th-Graders How to Spot Fake News: Now They Won't Stop Fact-Checking Me," *Vox*, May 29, 2017, http://www.vox.com/first-person/2017/3/29/15042692/fake-news-education-election.

第六章

1 Michael Lynch, *True to Life: Why Truth Matters* (Cambridge, MA: MIT Press, 2004), 35–36.

2 Conor Lynch, "Trump's War on Environment and Science Are Rooted in His Post-Truth Politics—and Maybe in Postmodern Philosophy," *Salon*, April 1, 2017, http://www.salon.com/2017/04/01/trumps-war-on-environment-and-science-are-rooted-in-his-post-truth-politics-and-maybe-in-postmodern-philosophy/.

3 Paul Gross and Norman Levitt, *Higher Superstition: The Academic Left and Its Quarrels with Science* (Baltimore: Johns Hopkins University Press, 1994), 77.

4 Lynne Cheney, *Telling the Truth* (New York: Simon & Schuster, 1995).

5 一些關於後現代主義思想的精彩評論，參見：Michael Lynch, *In Praise of Reason* (Cambridge, MA: MIT Press, 2012); Paul Boghossian, *Fear of Knowledge: Against Relativism and Constructivism* (Oxford: Clarendon Press, 2007); Noretta Koertge, ed., *A House Built on Sand: Exposing Postmodernist Myths about Science* (Oxford: Oxford University Press, 1998).

6 欲進一步認識「強綱領」（strong programme）與其開創者布倫（David Bloor），可參考一篇相當精彩的入門文章："David Bloor and the Strong Programme," by Collin Finn, which appears as chapter 3 of his book *Science Studies as Naturalized Philosophy*, Synthese Library Book Series, vol. 348 (Springer, 2011), 35–62.

7 諷刺的是，在最近一份皮優民調（二〇一六年十月）「氣候變遷的政治」中，極右翼似乎接受學界的一些主張。在問及「氣候科學家的研究結果大部分時間都受到什麼影響？」時，有五七％的保守派共和黨認為是來自「科學家為了自己生涯發展的渴望」，而五四％的人認為是「科學家自己的政治傾向」，僅有九％同意認為這是根據「可獲得的最佳科學證據」。http://www.pewinternet.org/2016/10/04/the-politics-of-climate/.

8 Carolyn Merchant, *The Death of Nature* (New York: Harper, 1990).

9 Sandra Harding, *The Science Question in Feminism* (Ithaca: Cornell University Press, 1986), 113.

10 If one wants to read a nuanced philosophical account that questions our traditional notions of objectivity yet defends the distinctiveness of science, see Helen Longino, *Science as Social Knowledge: Values and Objectivity in Scientific Inquiry* (Princeton, NJ: Princeton University Press, 1990).

11 Alan Sokal, "Transgressing the Boundaries: Toward a Transformative Hermeneutics of Quantum Gravity," *Social Text* 46–47 (spring–summer 1996): 217–252, http://www.physics.nyu.edu/sokal/transgress_v2_noafterword.pdf.

12 Alan Sokal, "A Physicist Experiments with Cultural Studies," *Lingua Franca* (May–June 1996), http://www.physics.nyu.edu/faculty/sokal/lingua_franca_v4/lingua_franca_v4.html.

13 Ibid.

14 貝魯伯（Michael Berube）對此的評論是：「（索卡爾）相信——而且也不是只有他——後現代主義和其理論對左派不利，而學界的左派一直在猛烈攻擊政治進步的基礎。」Michael Berube, "The Science Wars Redux," *Democracy Journal* (winter 2011): 70.

15 Sokal, "A Physicist Experiments with Cultural Studies."

16 Judith Warner, "Fact-Free Science," *New York Times Magazine*, Feb. 25, 2011, http://www.nytimes.com/2011/02/27/magazine/27FOB-WWLN-t.html.

17 Chris Mooney, "Once and For All: Climate Denial Is Not Postmodern," *Desmog*, Feb. 28, 2011, https://www.

desmogblog.com/once-and-all-climate-denial-not-postmodern.

18 Ibid.

19 Robert Pennock, "The Postmodern Sin of Intelligent Design Creationism," *Science and Education* 19 (2010): 757–778, https://msu.edu/~pennock5/research/papers/Pennock_PostmodernSinID.pdf.

20 J. Lawrence, interview with Phillip E. Johnson, *Communique: A Quarterly Journal* (Spring 1999), http://www.arn.org/docs/johnson/commsp99.htm.

21 G. Silberman, "Phil Johnson's Little Hobby," *Boalt Hall Cross-Examiner* 6, no. 2 (1993): 4.

22 P. Johnson, "Open Letter to John W. Burgeson." Pennock cites this as "published on the Internet" but it must have since been taken down. Citation is from Pennock, "The Postmodern Sin," 759.

23 N. Pearcey, "Anti-Darwinism Comes to the University: An Interview with Phillip Johnson," *Bible Science Newsletter* 28, no. 6 (1990): 11.

24 Pennock, "The Postmodern Sin," 762.

25 智能設計對氣候變遷的影響的討論，請見我的著作：*Respecting Truth: Willful Ignorance in the Internet Age* (New York: Routledge, 2015), 56–80.

26 華納在她二〇一一年的文章中有引用幾個實例，但穆尼似乎沒注意到。

27 http://www.nytimes.com/2003/03/15/opinion/environmental-word-games.html.

28 Bruno Latour, "Why Has Critique Run Out of Steam? From Matters of Fact to Matters of Concern," *Critical Inquiry*

30 (winter 2004): 225–248, http://www.unc.edu/clct/LatourCritique.pdf.

29 Ibid.

30 Michael Berube, "The Science Wars Redux," *Democracy Journal* (winter 2011): 64–74, http://democracyjournal.org/magazine/19/the-science-wars-redux/.

31 Ibid.

32 Conor Lynch, "Trump's War on Environment and Science Are Rooted in His Post-Truth Politics," http://www.salon.com/2017/04/01/trumps-war-on-environment-and-science-are-rooted-in-his-post-truth-politics-and-maybe-in-postmodern-philosophy/.

33 在〈何以批判者無力招架？〉（Why Has Critique Run Out of Steam?）中，拉圖寫道：「當然，陰謀論是我們自己論點的荒謬變形版本，但這就跟將武器走私到一處邊界不明的地方，落入壞人之手，而這些依舊是我們的武器。儘管有所改造變形，還是很容易認出來，在其鋼殼上烙印我們的標誌。」(230).

34 我提出的關於後現代主義是否為科學否定根源之議題的討論，請見：*Respecting Truth*, 104–107，以及我的另一篇文章："The Attack on Truth," *Chronicle of Higher Education*, June 8, 2015, http://www.chronicle.com/article/The-Attack-on-Truth/230631. 正如同我在本書第二章所提出的論點，我相信否定科學是後真相的一個前身。當這兩條線合在一起時，就會發現後現代主義也是後真相的一個根源。

35 見之前引用的文章：Conor Lynch, "Trump's War on Environment and Science Are Rooted in His Post-Truth Politics." See also Andrew Calcutt, "The Truth about Post-Truth Politics," *Newsweek*, Nov. 21, 2016, http://www.

newsweek.com/truth-post-truth-politics-donald-trump-liberals-tony-blair-523198, and Andrew Jones, "Want to Better Understand 'Post-Truth' Politics? Then Study Postmodernism," *Huffington Post*, Nov. 11, 2016, http://www.huffingtonpost.co.uk/andrew-jones/want-to-better-understand_b_13079632.html. For a few interesting blog posts see "Donald Trump and the Triumph of Right-Wing Postmodernism," *Stewedrabbit* (blog), Dec. 12, 2016, http://stewedrabbit.blogspot.com/2016/12/donald-trump-and-triumph-of-right-wing.html, and Charles Kurzman, "Rightwing Postmodernists," Nov. 30, 2014, http://kurzman.unc.edu/rightwing-postmodernists/.

36 Truman Chen, "Is Postmodernism to Blame for Post-Truth?" *Philosophytalk* (blog), Feb. 17, 2017, https://www.philosophytalk.org/blog/postmo dernism-blame-post-truth.

37 Ibid.

38 Carole Cadwalladr, "Daniel Dennett: 'I Begrudge Every Hour I Have to Spend Worrying about Politics,'" *Guardian*, Feb. 12, 2017, https://www.the guardian.com/science/2017/feb/12/daniel-dennett-politics-bacteria-bach-back-dawkins-trump-interview.

39 儘管切爾諾維奇（Mike Cernovich）不認為自己是「另類右派」（alt-right），但是在他討論另類右派的運動時，他還是用「我們」這個主詞。Andrew Marantz, "Trolls for Trump: Meet Mike Cernovich, the Meme Mastermind of the Alt-Right," *New Yorker*, Oct. 31, 2016, http://www.newyorker.com/magazine/2016/10/31/trolls-for-trump.

40 Maxwell Tani, "Some of Trump's Top Supporters Are Praising a Conspiracy Theorist Who Fueled 'Pizzagate' for

His Reporting," *Business Insider*, April 4, 2017, http://www.businessinsider.com/mike-cernovich-kellyanne-conway-donald-trump-jr-2017-4.

41 Gideon Resnick, "Trump's Son Says Mike 'Pizzagate' Cernovich Deserves a Pulitzer," *The Daily Beast*, April 4, 2017, http://www.thedailybeast.com/articles/2017/04/04/trump-s-son-says-mike-pizzagate-cernovich-deserves-a-pulitzer.html.

42 https://www.youtube.com/watch?v=4ZmljpEf4q4.

43 Abby Ohlheiser and Ben Terris, "How Mike Cernovich's Influence Moved from the Internet Fringes to the White House," *Washington Post*, April 7, 2017, https://www.washingtonpost.com/news/the-intersect/wp/2017/04/07/how-mike-cernovichs-influence-moved-from-the-internet-fringes-to-the-white-house/?utm_term=.1f0eca43415c.

44 切爾諾維奇關於約會強暴的觀點，見：Tani, "Some of Trump's Supporters." 關於「女性主要教條」，見Marantz, "Trolls for Trump." 亦可參見Marantz的文章：「在二〇〇三年，他（切爾諾維奇）因為強暴一位他認識的女性而遭到起訴，案子後來撤銷了，但是法官因為他的不當行為下令要他進行社區服務。(4)

45 Cernovich critic Vic Berger, quoted in Tani, "Some of Trump's Supporters."

46 Marantz, "Trolls for Trump."

第七章

1 Nancy Gibbs, "When a President Can't Be Taken at His Word," *Time*, April 3, 2017, http://time.com/4710615/

donald-trump-truth-falsehoods/.

2 Ibid.

3 Farhad Manjoo, *True Enough: Learning to Live in a Post-Fact Society* (Hoboken, NJ: Wiley, 2008).

4 二〇〇四年凱斯（Ralph Keyes）發表 *The Post-Truth Era: Dishonesty and Deception in Contemporary Life* (New York: St. Martin's, 2004)，將說謊與不誠實當作是社會問題來探討。二〇一五年，我在我的 *Respecting Truth: Willful Ignorance in the Internet Age* (New York: Routledge, 2015) 書中描述一些在黨派人士的「對抗科學戰爭」中的一些伎倆，那時尚未稱之為「後真相」。但是我們兩人都沒有預料到這會直接跳躍到國家層級的政治中，如曼朱（Farhad Manjoo）所預測的。

5 Manjoo, *True Enough*, 56–58.

6 Lindsay Abrams, "BBC Staff Ordered to Stop Giving Equal Airtime to Climate Deniers," *Salon*, July 6, 2014, http://www.salon.com/2014/07/06/bbc_staff_ordered_to_stop_giving_equal_air_time_to_climate_deniers/.

7 Justin Ellis, "Why the Huffington Post Doesn't Equivocate on Issues like Global Warming," *NiemanLab*, April 16, 2012, http://www.niemanlab.org/2012/04/why-the-huffington-post-doesnt-equivocate-on-issues-like-global-warming/.

8 David Redlawsk et al., "The Affective Tipping Point: Do Motivated Reasoners Ever 'Get It'?" http://rci.rutgers.edu/~redlawsk/papers/A%20Tipping%20Point%20Final%20Version.pdf.

9 Ibid.

10 Ibid.

11 James Kuklinski et al., "Misinformation and the Currency of Democratic Citizenship," *Journal of Politics* 62, no. 3 (August 2000): 790–816, https://www.unc.edu/~fbaum/teaching/articles/JOP-2000-Kuklinski.pdf.

12 Christopher Joyce, "Rising Sea Levels Made This Republican Mayor a Climate Change Believer," NPR.org, May 17, 2016, http://www.npr.org/2016/05/17/477014145/rising-seas-made-this-republican-mayor-a-climate-change-believer.

13 Ibid.

14 Erika Bolstad, "Florida Republicans Demand Climate Change Solutions," *Scientific American*, March 15, 2016, https://www.scientificamerican.com/article/florida-republicans-demand-climate-change-solutions/.

15 Brendan Nyhan and Jason Reifler, "The Roles of Information Deficits and Identity Threat in the Prevalence of Misperceptions," Feb. 24, 2017, https://www.dartmouth.edu/~nyhan/opening-political-mind.pdf.

16 Ruth Marcus, "Forget the Post-Truth Presidency: Welcome to the Pre-Truth Presidency," *Washington Post*, March 23, 2017, https://www.washing tonpost.com/opinions/welcome-to-the-pre-truth-presidency/2017/03/23/b35856ca-1007-11e7-9b0d-d27c98455440_story.html?utm_term=.86208421e389.

17 http://time.com/4710456/donald-trump-time-interview-truth-false hood/.

18 Glenn Kessler and Michelle Ye Hee Lee, "President Trump's Cascade of False Claims in *Time*'s Interview on His Falsehoods," *Washington Post*, March 23, 2017, https://www.washingtonpost.com/news/fact-checker/

wp/2017/03/23/president-trumps-cascade-of-false-claims-in-times-interview-on-his-falsehoods/?utm_term=.1df47d64641a; Michael Shear, "What Trump's *Time* Interview Shows about His Thinking," *New York Times*, March 23, 2017, https://www.nytimes.com/2017/03/23/us/politics/what-trumps-time-interview-shows-about-his-thinking.html?_r=0; Lauren Carroll and Louis Jacobson, "Fact-Checking Trump's TIME Interview on Truths and Falsehoods," *PolitiFact*, March 23, 2017, http://www.politifact.com/truth-o-meter/article/2017/mar/23/fact-checking-trumps-time-interview-truths-and-fal/.

19 Marcus, "Forget the Post-Truth Presidency."

20 http://time.com/4710456/donald-trump-time-interview-truth-false hood/.

21 Lawrence Douglas, "Donald Trump's Dizzying *Time* Magazine Interview Was 'Trumpspeak' on Display," *Guardian*, March 24, 2017, https://www.the guardian.com/commentisfree/2017/mar/24/donald-trumps-dizzying-time-magazine-interview-trumpspeak.

22 Bill Moyers, "A Group of Experts Wrote a Book about Donald Trump's Mental Health—and the Controversy Has Just Begun," *Mother Jones*, Sept. 23, 2017, http://www.motherjones.com/politics/2017/09/a-group-of-experts-wrote-a-book-about-donald-trumps-mental-health-and-the-controversy-has-just-begun/.

23 https://science.ksc.nasa.gov/shuttle/missions/51-l/docs/rogers-com mission/Appendix-F.txt.

參考資料

Abrams, Lindsay. “BBC Staff Ordered to Stop Giving Equal Airtime to Climate Deniers.” *Salon*, July 6, 2014. http://www.salon.com/2014/07/06/bbc_staffordered_to_stop_giving_equal_air_time_to_climate_deniers/.

Arendt, Hannah. *The Origins of Totalitarianism*. New York: Harcourt, Brace, 1951.

Asch, Solomon. “Opinions and Social Pressure.” *Scientific American* 193(November 1955): 31–35.

Beck, Julie. “This Article Won’t Change Your Mind.” *Atlantic*, March 13, 2017.

Bedley, Scott. “I Taught My 5th-Graders How to Spot Fake News: Now They Won’t Stop Fact-Checking Me.” *Vox*, May 29, 2017. https://www.vox.com/first-person/2017/3/29/15042692/fake-news-education-election.

Benson, Ophelia, and Jeremy Stangroom. *Why Truth Matters*. London: Continuum, 2006.

Berube, Michael. “The Science Wars Redux.” *Democracy Journal* (winter 2011): 64–74.

Blackburn, Simon. *Truth: A Guide*. Oxford: Oxford University Press, 2007.

Boghossian, Paul. *Fear of Knowledge*. Oxford: Oxford University Press, 2006.

Bolstad, Erika. “Florida Republicans Demand Climate Change Solutions.” *Scientific American*, March 15, 2016. https://

www.scientificamerican.com/article/florida-republicans-demand-climate-change-solutions/.

Boykoff, Maxwell, and Jules Boykoff. "Balance as Bias: Global Warming and the US Prestige Press." *Global Environmental Change* 14 (2004): 125–136.

Braman, Donald, et al. "The Polarizing Impact of Science Literacy and Numeracy on Perceived Climate Change Risks." *Nature Climate Change* 2 (2012): 732–735.

Bridges, Tristan. "There's an Intriguing Reason So Many Americans Are Ignoring Facts Lately." *Business Insider*, Feb. 27, 2017.

Cadwalladr, Carole. "Daniel Dennett: 'I Begrudge Every Hour I have to Spend Worrying about Politics.'" *Guardian*, Feb. 12, 2017. https://www.theguardian.com/science/2017/feb/12/daniel-dennett-politics-bacteria-bach-back-dawkins-trump-interview.

Calcutt, Andrew. "The Truth about Post-Truth Politics." *Newsweek*, Nov. 21, 2016.

Coll, Steve. *Private Empire: ExxonMobil and American Power*. New York: Penguin, 2012.

Collin, Finn. *Science Studies as Naturalized Philosophy*. Synthese Library Book Series, vol. 348. New York: Springer, 2011.

Cunningham, Brent. "Rethinking Objectivity." *Columbia Journalism Review* 42, no. 2 (July–August 2003): 24–32. http://archives.cjr.org/united_states_project/rethinking_objectivity_a_wisco.php.

DeSteno, David, and Piercarlo Valdesolo. “Manipulations of Emotional Context Shape Moral Judgment.” *Psychological Science* 17, no. 6 (2006): 476–477.

Douglas, Lawrence. “Donald Trump’s Dizzying Time Magazine Interview Was ‘Trumpspeak’ on Display.” *Guardian*, March 24, 2017. https://www.theguardian.com/commentisfree/2017/mar/24/donald-trumps-dizzying-time-magazine-interview-trumpspeak.

Edkins, Brett. “Donald Trump’s Election Delivers Massive Ratings for Cable News.” *Forbes*, Dec. 1, 2016.

Eilperin, Juliet. “Climate Skeptics Seek to Roll Back State Laws on Renewable Energy.” *Washington Post*, Nov. 25, 2012.

Ellis, Justin. “Why the Huffington Post Doesn’t Equivocate on Issues like Global Warming.” *NiemanLab*, April 16, 2012. http://www.niemanlab.org/2012/04/why-the-huffington-post-doesnt-equivocate-on-issues-like-global-warming/

Farhl, Paul. “One Billion Dollars Profit? Yes, the Campaign Has Been a Gusher for CNN.” *Washington Post*, Oct. 27, 2016.

Fessler, Daniel, et al. “Political Orientation Predicts Credulity Regarding Putative Hazards.” *Psychological Science* 28, no. 5 (2017): 651–660.

Fleeson, Lucinda. “Bureau of Missing Bureaus.” American Journalism Review(October–November 2003). http://ajrarchive.org/article.asp?id=3409.

Frankfurt, Harry. *On Bullshit*. Princeton: Princeton University Press, 2009.

Frankfurt, Harry. *On Truth*. New York: Knopf, 2006.

Gabler, Neal. "Donald Trump Triggers a Media Civil War." *billmoyers.com* (blog), March 25, 2016. http://billmoyers.com/story/donald-trump-triggers-a-media-civil-war/.

Gandour, Ricardo. "Study: Decline of Traditional Media Feeds Polarization." *Columbia Journalism Review*, Sept. 19, 2016. https://www.cjr.org/analysis/media_polarization_journalism.php.

Gibbs, Nancy. "When a President Can't Be Taken at His Word." *Time*, April 3, 2017.

Giere, Ronald. *Understanding Scientific Reasoning*. New York: Harcourt, 1991.

Gottfried, Jeffrey and Elisa Shearer, "News Use Across Social Media Platforms 2016." *Pew Research Center*, May 26, 2016.

Graves, Lucas. *Deciding What's True: The Rise of Political Fact-Checking in American Journalism*. New York: Columbia University Press, 2016.

Gross, Paul, and Norman Levitt. *Higher Superstition: The Academic Left and Its Quarrels with Science*. Baltimore: Johns Hopkins University Press, 1994.

Gross, P., N. Levitt, and M. W. Lewis, eds. *The Flight from Science and Reason*. New York: New York Academy of Sciences, 1996.

Gunther, Marc. "The Transformation of Network News." *Nieman Reports*, June 15, 1999. http://niemanreports.org/

articles/the-transformation-of-network-news/.

Halberstam, David. *The Powers That Be*. Urbana: University of Illinois Press, 2000.

Hansen, James. "The Threat to the Planet." *New York Review of Books*, July 13, 2006. http://www.nybooks.com/articles/2006/07/13/the-threat-to-the-planet/.

Hansen, James. *Storms of My Grandchildren*. New York: Bloomsbury, 2009.

Healy, Melissa. "Why Conservatives Are More Likely Than Liberals to Believe False Information about Threats." *Los Angeles Times*, Feb. 2, 2017.

Higgins, Andrew, Mike McIntire, and Gabriel J. X. Dance. "Inside a Fake News Sausage Factory: 'This Is All about Income." *New York Times*, Nov. 25, 2016.

Hoggan, James, and Richard Littlemore. *Climate Cover-Up: The Crusade to Deny Global Warming*. Vancouver: Greystone, 2009.

Jones, Andrew. "Want to Better Understand 'Post-Truth' Politics? Then Study Postmodernism." *Huffington Post*, Nov. 11, 2016. http://www.huffingtonpost.co.uk/andrew-jones/want-to-better-understand_b_13079632.html.

Joyce, Christopher. "Rising Sea Levels Made This Republican Mayor a Climate Change Believer." *NPR*, May 17, 2016. http://www.npr.org/2016/05/17/477014145/rising-seas-made-this-republican-mayor-a-climate-change-eliever.

Kahan, Dan M. "Climate-Science Communication and the Measurement Problem." *Advances in Political Psychology* 36

(2015): 1–43.

Kahan, Dan M., et al. "Cultural Cognition of Scientific Consensus." *Journal of Risk Research* 14 (2011): 147–174.

Kahneman, Daniel. *Thinking Fast and Slow*. New York: Farrar, Straus & Giroux, 2011.

Kanai, Ryota, Tom Feilden, Colin Firth, and Geraint Rees. "Political Orientations Are Correlated with Brain Structure in Young Adults." *Current Biology* 21, no. 8 (April 26, 2011): 677–680.

Kessler, Glenn, and Ye Hee Lee Michelle. "President Trump's Cascade of False Claims in Time's Interview on His Falsehoods." *Washington Post*, March 23, 2017.

Keyes, Ralph. *The Post-Truth Era: Dishonesty and Deception in Contemporary Life*. New York: St. Martin's, 2004.

Khazan, Olga. "Why Fake News Targeted Trump Supporters." *Atlantic*, Feb. 2,2017.

Koertge, N., ed. *A House Built on Sand: Exposing Postmodernist Myths About Science*. Oxford: Oxford University Press, 2000.

Koppel, Ted. "Olbermann, O'Reilly and the Death of Real News." *Washington Post*, Nov. 14, 2010.

Kruger, Justin, and David Dunning. "Unskilled and Unaware of It: How Difficulties in Recognizing One's Own Incompetence Lead to Inflated Self-Assessments." *Journal of Personality and Social Psychology* 77, no. 6 (1999): 1121–1134.

Kuklinski, James, Paul J. Quirk, Jennifer Jerit, David Schwieder, and Robert F. Rich. "Misinformation and the Currency of Democratic Citizenship." *Journal of Politics* 62, no. 3 (Aug. 2000): 790–816.

Kurtzleben, Danielle. "With 'Fake News,' Trump Moves from Alternative Facts to Alternative Language." *NPR*, Feb. 17, 2017. http://www.npr.org/2017/02/17/515630467/with-fake-news-trump-moves-from-alternative-facts-to-alternative-language.

Latour, Bruno. "Why Has Critique Run out of Steam? From Matters of Fact to Matters of Concern." *Critical Inquiry* 30 (winter 2004): 225–248.

Lawrence, Jeff. "Communique Interview: Phillip E. Johnson." *Communique:A Quarterly Journal* (spring 1999).

Levitin, Daniel J. *Weaponized Lies: How to Think Critically in the Post-Truth Era*. New York: Dutton, 2016.

Longino, Helen. *Science as Social Knowledge: Values and Objectivity in Scientific Inquiry*. Princeton, NJ: Princeton University Press, 1990.

Lynch, Conor. "Trump's War on Environment and Science Are Rooted in His Post-Truth Politics—and Maybe in Postmodern Philosophy." *Salon*, April 1, 2017. http://www.salon.com/2017/04/01/trumps-war-on-environment-and-science-are-rooted-in-his-post-truth-politics-and-maybe-in-postmodern-philosophy/.

Lynch, Michael. *In Praise of Reason*. Cambridge, MA: MIT Press, 2012.

Lynch, Michael. *True to Life: Why Truth Matters*. Cambridge, MA: MIT Press, 2004.

Macur, Juliet. "Why Do Fans Excuse the Patriots' Cheating Past?" *New York Times*, Feb. 5, 2017.

Maheshwari, Sapna. “How Fake News Goes Viral: A Case Study.” *New York Times*, Nov. 20, 2016.

Manjoo, Farhad. *True Enough: Learning to Live in a Post-Fact Society*. Hoboken, NJ: Wiley, 2008.

Mastermind of the Alt-Right.” *New Yorker*, Oct. 31, 2016.

Marche, Stephen. “The Left Has a Post-Truth Problem Too: It’s Called Comedy.” *Los Angeles Times*, Jan. 6, 2017.

Marcus, Ruth. “Forget the Post-Truth Presidency: Welcome to the Pre-Truth Presidency.” *Washington Post*, March 23, 2017.

Marusak, Joe. “Fake News Author Is Fired; Apologizes to Those Who Are ‘Disappointed’ by His Actions.” *Charlotte Observer*, Jan. 19, 2017.

McIntyre, Lee. “The Attack on Truth.” *Chronicle of Higher Education*, June 8, 2015.

McIntyre, Lee. *Dark Ages: The Case for a Science of Human Behavior*. Cambridge, MA: MIT Press, 2006.

McIntyre, Lee. *Respecting Truth: Willful Ignorance in the Internet Age*. New York: Routledge, 2015.

Mercier, Hugo, and Daniel Sperber. “Why Do Humans Reason? Arguments for an Argumentative Theory.” *Behavioral and Brain Sciences* 34, no. 2 (2011):57–111.

Meyer, Robinson. “The Rise of Progressive ‘Fake News.’” *Atlantic*, Feb. 3, 2017.

Mooney, Chris. “Once and For All: Climate Denial Is Not Postmodern.” *DeSmog Blog.com*, Feb. 28, 2011. https://www.desmogblog.com/once-and-all-climate-denial-not-postmodern.

Mooney, Chris. *The Republican Brain: The Science of Why They Deny Science—And Reality*. Hoboken, NJ: Wiley, 2012.

Mooney, Chris. *The Republican War on Science*. New York: Basic Books, 2005.

Nichols, Tom. *The Death of Expertise: The Campaign against Established Knowledge and Why It Matters*. Oxford: Oxford University Press, 2017.

Nyhan, Brendan and Jason Reifler. "The Roles of Information Deficits and Identity Threat in the Prevalence of Misperceptions." February 24, 2017. https://www.dartmouth.edu/~nyhan/opening-political-mind.pdf.

Nyhan, Brendan, and Jason Reifler. "When Corrections Fail: The Persistence of Political Misperceptions." *Political Behavior* 32, no. (2) (June 2010): 303–330.

Ohlheiser, Abby, and Ben Terris. "How Mike Cernovich's Influence Moved from the Internet Fringes to the White House." *Washington Post*, April 7, 2017.

Oreskes, Naomi, and Erik Conway. *Merchants of Doubts: How a Handful of Scientists Obscured the Truth on Issues from Tobacco Smoke to Global Warming*. New York: Bloomsbury, 2010.

Pennock, Robert. "The Postmodern Sin of Intelligent Design Creationism." *Science and Education* 19 (2010): 757–778.

Perez-Pena, Richard. "Newspaper Circulation Continues to Decline Rapidly." *New York Times*, Oct. 27, 2008.

Pew Research Center. "State of the News Media 2016: Newspapers Fact Sheet" (June 15, 2016). http://assets.pewresearch.org/wp-content/uploads/sites/13/2016/06/30143308/state-of-the-news-media-report-2016-final.pdf.

Pierson, David. "Facebook Bans Fake News from Its Advertising Network—but not Its News Feed." *Los Angeles Times*, Nov. 15, 2016.

Quine, W. V. O., and J. S. Ullian. *The Web of Belief*. New York: McGraw Hill, 1978.

Rabin-Havt, Ari. *Lies, Incorporated: The World of Post-Truth Politics*. New York: Anchor Books, 2016.

Redlawsk, David, et al. "The Affective Tipping Point: Do Motivated Reasoners Ever 'Get It'?" *Political Psychology* 31, no. 4 (2010): 563–593.

Resnick, Gideon. "Trump's Son Says Mike 'Pizzagate' Cernovich Deserves a Pulitzer." *The Daily Beast*, April 4, 2017. http://www.thedailybeast.com/trumps-son-says-mike-pizzagate-cernovich-deserves-a-pulitzer.

Samuel, Alexandra. "To Fix Fake News, Look to Yellow Journalism." *JStor Daily*, Nov. 29, 2016. https://daily.jstor.org/to-fix-fake-news-look-to-yellow-journalism/.

Schudson, Michael. *Discovering the News: A Social History of American Newspapers*. New York: Basic Books, 1973.

Seelye, Katharine. "Newspaper Circulation Falls Sharply." *New York Times*, Oct. 31, 2006.

Shane, Scott. "From Headline to Photograph, a Fake News Masterpiece." *New York Times*, Jan. 18, 2017.

Shear, Michael. "What Trump's Time Interview Shows about His Thinking." *New York Times*, March 23, 2017.

Shermer, Michael. *The Believing Brain*. New York: Times Books, 2011.

Silberman, G. 1993. "Phil Johnson's Little Hobby." *Boalt Hall Cross-Examiner* 6, no. 2 (1993): 1, 4, 9–10.

Snyder, Timothy. *On Tyranny: Twenty Lessons from the 20th Century*. New York: Tim Duggan Books, 2017.

Sokal, Alan. "A Physicist Experiments with Cultural Studies." *Lingua Franca* (May–June 1996).

Sokal, Alan. "Transgressing the Boundaries: Toward a Transformative Hermeneutics of Quantum Gravity." *Social Text* 46–47 (spring–summer 1996):217–252.

Soll, Jacob. "The Long and Brutal History of Fake News." *Politico*, Dec. 18, 2016. http://www.politico.com/magazine/story/2016/12/fake-news-history-long-violent-214535.

Specter, Michael. *Denialism: How Irrational Thinking Hinders Scientific Progress, Harms the Planet, and Threatens Our Lives*. New York: Penguin, 2009.

Stanley, Jason. *How Propaganda Works*. Princeton, NJ: Princeton University Press, 2015.

Subramanian, Samantha. "Inside the Macedonian Fake-News Complex." *Wired*, Feb. 15, 2017.

Sunstein, Cass. *Infotopia: How Many Minds Produce Knowledge*. Oxford: Oxford University Press, 2006.

Tani, Maxwell. "Some of Trump's Top Supporters Are Praising a Conspiracy

Theorist Who Fueled 'Pizzagate' for His Reporting." *Business Insider*, April 4, 2017.

Taylor, Adam. "Trump Loves a Conspiracy Theory: Now His Allies in the Fringe Media Want Him to Fall for One in Syria." *Washington Post*, April 7, 2017.

Thaler, Richard. *Misbehaving: The Making of Behavioral Economics*. New York: Norton, 2015.

Trivers, Robert. *The Folly of Fools: The Logic of Deceit and Self-Deception in Human Life*. New York: Basic Books, 2011.

Trump, Donald, with Tony Schwartz. *The Art of the Deal*. New York: Random House, 1992. Viner, Katharine. "How Technology Disrupted the Truth." *Guardian*, July 12, 2016. https://www.theguardian.com/media/2016/jul/12/how-technology-disrupted-the-truth.

Warner, Judith. "Fact-Free Science." *New York Times Magazine*, Feb. 25, 2011.

Wason, P. C. "On the Failure to Eliminate Hypotheses in a Conceptual Task." *Quarterly Journal of Experimental Psychology* 12 (1960): 129–140.

Westen, Drew, et al. "Neural Bases of Motivated Reasoning: An fMRI Study of Emotional Constraints on Partisan Political Judgment in the 2004 U.S. Presidential Election." *Journal of Cognitive Neuroscience* 18, no. 11 (Nov. 2006):1947–1958.

Wingfield, Nick, Mike Isaac, and Katie Benner. "Google and Facebook Take Aim at Fake News Sites." *New York Times*, Nov. 14, 2016.

Woolf, Christopher. "Back in the 1890s, Fake News Helped Start a War." *Public Radio International*, Dec. 8, 2016. https://www.pri.org/stories/2016-12-08/long-and-tawdry-history-yellow-journalism-america.

延伸閱讀

Blackburn, Simon. *Truth: A Guide*. Oxford: Oxford University Press, 2007.

Frankfurt, Harry. *On Bullshit*. Princeton, NJ: Princeton University Press, 2009.

Kahneman, Daniel. *Thinking Fast and Slow*. New York: Farrar, Straus & Giroux, 2011.

Lynch, Michael. *In Praise of Reason*. Cambridge, MA: MIT Press, 2012.

McIntyre, Lee. *Respecting Truth: Willful Ignorance in the Internet Age*. New York: Routledge, 2015.

Nyhan, Brendan, and Jason Reifler. "When Corrections Fail: The Persistence of Political Misperceptions." *Political Behavior* 32, no. 2 (June 2010): 303–330.

Oreskes, Naomi, and Erik Conway. *Merchants of Doubts: How a Handful of Scientists Obscured the Truth on Issues from Tobacco Smoke to Global Warming*. New York: Bloomsbury, 2010.

Rabin-Havt, Ari. *Lies, Incorporated: The World of Post-Truth Politics*. New York: Anchor Books, 2016.

Redlawsk, David, et al. "The Affective Tipping Point: Do Motivated Reasoners Ever 'Get It'?" *Political Psychology* 31, no. 4 (2010): 563–593.

Snyder, Timothy. *On Tyranny: Twenty Lessons from the 20th Century*. New York: Tim Duggan Books, 2017.

Stanley, Jason. *How Propaganda Works*. Princeton, NJ: Princeton University Press, 2015.

Trivers, Robert. *The Folly of Fools: The Logic of Deceit and Self-Deception in Human Life*. New York: Basic Books, 2011.

NEXT 268

後真相：真相已無關緊要，我們要如何分辨真假

Post-Truth

作　者—麥金泰爾（Lee McIntyre）
譯　者—王惟芬
編　者—張啟淵
封面設計—兒　日
編輯總監—蘇清霖
董事長—趙政岷
出版者—時報文化出版企業股份有限公司
108019臺北市和平西路三段二四〇號四樓
發行專線—（〇二）二三〇六—六八四二
讀者服務專線—〇八〇〇—二三一—七〇五
（〇二）二三〇四—七一〇三
讀者服務傳真—（〇二）二三〇四—六八五八
郵撥—一九三四四七二四時報文化出版公司
信箱—10899臺北華江橋郵局第99信箱
時報悅讀網—http://www.readingtimes.com.tw
法律顧問—理律法律事務所　陳長文律師、李念祖律師
印　刷—勁達印刷有限公司
初版一刷—二〇一九年十二月二十日
初版三刷—二〇二一年九月二十四日
定　價—新臺幣三二〇元
（缺頁或破損的書，請寄回更換）

時報文化出版公司成立於一九七五年，
並於一九九九年股票上櫃公開發行，於二〇〇八年脫離中時集團非屬旺中，
以「尊重智慧與創意的文化事業」為信念。

後真相：真相已無關緊要，我們要如何分辨真假/ 麥金泰爾（Lee McIntyre）著；王惟芬譯. -- 初版. -- 臺北市：時報文化, 2019.12
面；　公分. --（Next ; 268）
譯自：Post-truth
ISBN 978-957-13-8035-3（平裝）

1. 知識論

161　　108019369

Post Truth by Lee McIntyre

Published by arrangement with MIT Press
through Bardon-Chinese Media Agency

ISBN 978-957-13-8035-3
Printed in Taiwan